ΔΟΡΙ
ΚΤΗΤΟΙ
NEMO
LE TROPHEE D'ARMES
HERALDIQVES
Fra. Bianon Sculp: 1640

LE TROPHÉE D'ARMES HERALDIQUES,

OU LA SCIENCE DU BLASON.

AVEC LES FIGURES EN TAILLE DOUCE & les Armoiries de plusieurs Familles, qui n'ont point esté encore Imprimées.

QUATRIESME EDITION.

Reveuë, corrigée, & de beaucoup augmentée par l'Autheur.

A PARIS,

Chez la Veuve NICOLAS DE LA COSTE, à l'Escu de Bretagne, à la petite porte du Palais, qui regarde le Quay des Augustins.

M. DC. LXXI.

AVEC PRIVILEGE DU ROY.

LE
TROPHE'E
D'ARMES
HERALDIQUES.
A MONSIEUR
DE LA MOTHE
LE VAYER
LE FILS.

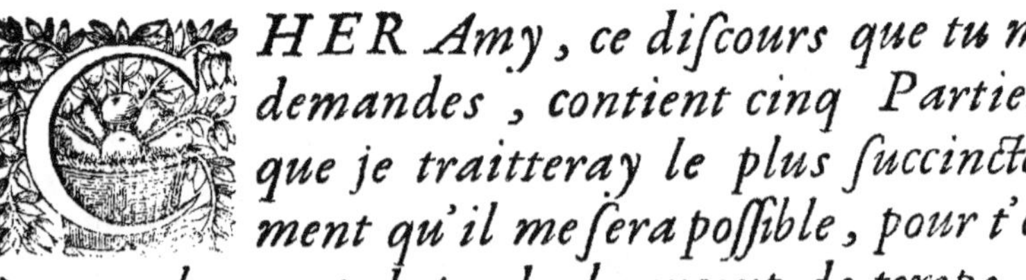

HER *Amy*, ce difcours que tu me demandes, contient cinq *Parties*, que je traitteray le plus fuccincte-ment qu'il me fera poffible, pour t'é-pargner le regret de perdre beaucoup de temps, à fi peu de chofe que le Blafon.

Ce Traitté qui parut au jour la premiere fois en 1649. fut adreffé à cér Illuftre Amy, lors vivant : & mainte-nant qu'il a ceffé de vivre, il eft confacré à fa memoi-re.

A ij

La premiere, fera de l'origine des Armes, des Efcus, & des diverfes façons de les divifer.

La feconde, des chofes contenuës dans l'Efcu.

La troifiefme, des Brifures.

La quatriefme, des ornemens & des Adjoints exterieurs de l'Efcu.

Et la cinquiefme, de la pratique de tous nos preceptes, en blafonnant les Armes de plufieurs Royaumes, Princes & Familles de France; apres toutefois que nous aurons éclaircy nos difcours, par les Figures des pieces les plus difficiles à concevoir. De cette forte les Preceptes, les Figures, & les Exemples feront feparément; afin que fi le tout eft trop pour toy, qui n'afpires qu'à de hautes connoiffances, tu puiffes t'arrefter à la Partie qui te plaira le plus.

LA PREMIERE
PARTIE.

LLE confidere l'ufage, l'origine des Armes, les diverfes façons des Efcus, & celles de les divifer. Venons donc au premier point, & puis nous verrons le refte.

Les Armoiries, *qui font certaines Images & Figures hereditaires, methodiquement formées de couleur & de metal en un Efcuffon de mefme, fervent à faire connoiftre & à diftinguer la Nobleffe, foit qu'elle vienne du fang, ou de la faveur des Souverains qui la donnent.*

Quant à leur Origine, quelques-uns la cherchent chez les Grecs, qui fuivirent Jafon à Colchos ; d'autres l'atribuent aux Troyens affiegez ; d'autres à Augufte, qui felon leur fentiment, porta, & fit porter aux Legions un Globe pour Armoiries dans leurs Eftandars. Mais il eft affuré que les Anciens n'ont jamais eu d'Armes, puis que les figures qu'ils mettoient fur leurs Efcus (comme Ariftophane, Efchile, Herodote, Diodore Sicilien, Virgile, Stace, Plutarque, & Claudian, ont remarqué de quelques-uns de leurs Heros)

A iij

n'eſtoient point hereditaires, ny blaſonnées methodiquement : Et partant que ce n'eſtoit que de ſimples deviſes, dont ils ſe ſervoient pour ſe faire remarquer, & rendre viſible à tous, la paſſion dominante
de leur eſprit. Ainſi il faut deſcendre plus bas, pour
trouver la veritable origine des Armes.

Quelques Hiſtoriens, la cherchent en celle de
noſtre Monarchie, & diſent que nos Premiers
Roys chargerent de Gueules, à trois Crapaux
d'argent : Armoiries changées depuis par Clo-
vis, en celles d'azur, à trois Fleurs-de-Lys d'or;
ou ſelon d'autres, ſemé de Fleurs de Lys d'or ſans
nombre : Opinion qui paroiſt d'autant plus vray-
ſemblable, que nous n'en voyons point de plus anciennes, blaſonnées à noſtre maniere. D'ailleurs, les
Sepultures Royales de ces premiers Temps, couvertes de Fleurs-de Lys, teſmoignent qu'elles eſtoient
hereditaires ; ſi bien que parmy tant d'incertitudes,
on peut s'attacher à cette opinion, comme à la plus
certaine.

Obſervons toutefois que la ſcience du Blaſon, ne
fut reduite en preceptes aſſurez, qu'au temps de ce
fameux voyage de la Terre-Sainte, où Godefroy
de Bouillon, termina ſa captivité. Car les deſcen-
dans de ceux qui l'accompagnerent, ſouhaitans
pour l'eſclat de leurs grands exploits en cette guerre,
& la ſainteté de leur objet, laiſſer à leur poſte-
rité, les marques Illuſtres de valeur, que leurs
Peres y avoient acquiſes, s'eſtudierent plus particulierement à l'embelliſſement de leur Armoi-

ries ; & leur exemple faifant ouvrir les yeux au refte de l'Europe, de là procederent les preceptes du Blafon.

Maintenant pour l'Efcu, veritable & premiere affiette des Armes, quoy qu'on allegue en faveur de la Banniere, il fe compofe de diverfes fortes. Anciennement dans fon ufage ordinaire à la guerre, il eftoit de fer, de bois, ou de bois couvert de cuir; d'où il a pris fon nom ; Car σκύτος en Grec veut dire cuir.

Sa forme en Armoiries eft diverfe ; la plus ordinaire eft compofée de trois lignes, une en chef & les deux autres plus longues, tombantes de la premiere, qui fe viennent joindre en pointe, ou en cœur au deffous.

Les Anciens Gaulois le portoient carré, & par fois en triangle parfait, que quelques-uns eftiment eftre celuy du Blafon regulier, & par fois efchencré en rond, du cofté dextre, au flanc du chef; qu'on nomme auffi pour ce fujet, Efcuffon à l'Antique.

Les Italiens le portent en Ovale, comme le plus conforme au Bouclier Romain, & le plus proche de la figure ronde ; fymbole de leur Empire Univerfel.

Celuy des Filles eft ordinairement en lofange, pofé fur une de fes deux pointes les plus longues. D'autres le tiennent bafty fur la Figure du Fufeau, comme s'il n'eftoit permis à ce fexe, d'avoir d'autres Armes, qu'en cét inftrument, qui luy eft affecté.

Les Efcus fe font encore de plufieurs autres fortes, comme l'on verra par les Tables fuivantes.

Au furplus, l'Efcu de quelque figure qu'il foit, fe
multiplie fouventefois ; c'eft à dire qu'un grand Efcuffon en enferme plufieurs autres petits, en Face, en
Croix, en Sautoir, en Orle, ou entez en pointe.

Lors qu'un feul eft au milieu du Champ nud , &
vuide, on dit pofé en abyfme.

Lors qu'il eft au cofté droit, en la partie fuperieu-
re , on dit au franc quartier; ou quanton, quand il
n'emplit qu'une huitiéme partie de l'Efcu.

Lors que plufieurs fans nombre rempliffent le
grand Efcu, on dit femé d'Efcuffons fans nombre. Et
ainfi des autres.

Maintenant il faut fçavoir que fa capacité fe divife
en diverfes façons, avec une dénomination particuliere
à chacune ; par le moyen de plufieurs lignes, qui partent
de divers endroits.

Quand la ligne part égallement du Chef, & vient finir à la pointe, on dit, party.

Quand, d'un cofté pour finir à l'autre, on dit,
couppé.

Lors que ces deux lignes fe trouvent enfemble, on
dit, party & couppé.

Lors que la ligne mouvante de l'angle droit du
haut, va finir au gauche du bas, divifant égallement
l'Efcu, on dit, tranché.

Lors qu'elle fe meut de l'angle gauche fuperieur,
& va finir au droit inferieur, on dit, taillé.

Toutes ces lignes fe peuvent mettre enfemble,

ble, & lors on dit, party, couppé, tranché, & taillé.

Quelquefois ces lignes prennent la forme les unes des autres au cœur de l'Escu. Par exemple, une ligne mouvante de l'angle droit superieur, changeant au cœur, suivra la figure du party, & puis ira finir encore à l'angle gauche ; & lors on dit, tranché, party en cœur, & retranché d'un mesme trait.

D'autres fois elles changent en rond, & lors on dit, arondy en cœur, & le reste.

Notons aussi qu'alors que l'Escu se divise en trois parties égales ou inégales, on dit Tiercé, mais Tiercé, selon la figure des lignes.

Si elles vont en Face, Bande, Barre, ou Pal, on dit Tiercé en Bande, Face, Barre, ou Pal. En quoy l'on doit remarquer que les émaux de cette Tierçure, doivent estre differans.

On trouve aussi des Escus couppez, dont la moitié superieure est partie; alors on dit par exemple, d'argent, party d'azur, soûtenu de Sable ; qui dénote toute la moitié inferieure.

De plus, l'Escu se divise en trois, par deux demy-ronds, posez sur chaque costé, qu'on dit alors, flan-qué, ou flanché.

Par fois aussi il se divise en pointe : c'est à dire, deux lignes mouvantes des angles inferieurs, venant à se joindre en haut au milieu, font de l'espace, qu'elles enferment au dehors, ce que quelques-uns appellent Pointe, & d'autres chappe, ou manteau ; disans, à une pointe; ou chappé, ou mantelé. Lors que les deux lignes font au contraire, on dit pointe renverſée, contre-chappé, ou contre-mantelé.

Quelques Armoiries ſe trouvent auſſi diviſées par quatre lignes ; faiſant une eſpece de loſange, dont les quatre extremitez, donnent au milieu des quatre bords de l'Eſcu. On dit alors veſtu, pource qu'on voit de l'Eſcuſſon hors de la lozange : ou chappé, chauſſé ; c'eſt à dire chappé, ou mantelé pour le haut, & chauſſé pour le bas.

La diviſion la plus ordinaire de l'Eſcu eſt l'eſcart, dont quelques-uns ſe ſervent, en diviſant non ſeulement l'Eſcu, mais auſſi les figures qui ſont deſſus : maniere aſſez incommode, pour les équivoques qui s'y peuvent faire ; à cauſe que les figures ainſi muti-lées peuvent paſſer pour autres qu'elles ne ſont pas. Cette façon de diviſer l'Eſcu, ou l'eſcartelé, eſt lors que quatre lignes mouvantes du milieu des qua-tre bords de l'Eſcu, ſe viennent joindre au point du milieu ; ce qu'on appelle autrement party & couppé. On eſcartelle auſſi de ſix, huit, dix, douze, ſeize, vingt, trente-deux, Eſcuſſons, remplis de diverſes Armoiries ; outre un autre Eſcuſſon des Armes de celuy qui eſcartelle, qui ſe poſe au centre de tous les autres, & cela s'appelle ſur le tout.

Ces divers eſcars ſe blaſonnent encore d'une au-tre ſorte. On dit pour l'eſcartelé de ſix, party de deux & couppé d'un ; pour celuy de huit, party de trois & couppé d'un, & ainſi des autres, juſqu'à l'eſcart de trente-deux, qui eſt le plus haut ; que l'on blaſonne party de ſept, couppé de trois : Le premier de ces trente-deux Efcuſſons, & celuy qu'on met ſur le tout, ſont deſtinez pour les Armes de celuy qui eſcartelle. Le premier ſe prend à la partie dextre de l'Eſcu que nous voyons à gauche, en le regardant de front. Le ſecond, enſuivant; & ainſi des autres : les premiers ſont pour les plus proches alliances, & les derniers, pour les plus éloignées.

Maintenant pour l'eſcart de dix, il faut noter, que le premier & le quatrieſme ſont par fois ſimples, & le deuxieſme & troiſieſme, encor eſcartelez. Si bien qu'on dit au premier & quatrieſme, eſcartellé; & contre-écartellé au deuxieſme & troiſieſme, de diverſes Armes, ou des meſmes indifferemment; multiplication d'Efcuſſons qui n'empeſche pas qu'on n'eſcartelle, & meſme contre-écartelle ſur le tout, tant en l'eſcart de dix, qu'en tous les autres.

Quelquesfois on eſcartelle en nombre inégal, comme de cinq, ſept, ou neuf Efcuſſons, dont le nombre pair eſt tantoſt deſſus & tantoſt deſſous; ou pour parler proprement, tantoſt en chef & tantoſt en pointe.

De plus on eſcartelle auſſi en ſautoir. Le premier & quatriéme quartiers, ſont pour celuy qui eſcartelle. Le deuxieſme & troiſieſme pour celuy dont on eſcartelle. Le premier & quatrieſme ſe prennent l'un en chef & l'autre en pointe; le deuxieſme au coſté droit de l'Efcu, & le troiſieſme au coſté gauche à l'oppoſite l'un de l'autre.

Enfin l'Eſcu ſe couppe en plaine, ou campagne, par le moyen d'une ligne qui va d'un des bords à l'autre, presque du long de la pointe, ou demie campagne, quand la ligne ne donne pas jusques dedans les bords : Ces choses se verront plus commodément, par les Tables qui suivront ce Traité.

SECONDE PARTIE.

Enons maintenant à cette seconde Partie, qui nous fera voir les pieces dont on remplit l'Escusson, avec leurs Couleurs & Metaux, que l'on divise, en pieces essentielles au Blason, en figures naturelles, insensibles & animées, & figures humaines, ou faites par l'homme.

Les Couleurs du Blason son cinq ; Azur ; Rouge, dit Gueules ; Noir, dit Sable ; Verd, dit Synople ; & Pourpre, qui est Amphibie. Les Metaux font deux, Or & Argent, au deffaut desquels les Peintres employent le blanc & le jaûne.

Ces Emaux, c'est à dire les Metaux, & les Couleurs, se doivent employer, de forte qu'on ne mette jamais couleur fur couleur, ny metal fur metal, à la referve du Pourpre, qui pour participer de l'un & de l'autre, s'y met indifferemment.

De plus, aux Armes faites pour enquerir (qui font Armes extraordinaires, données pour quelque acte remarquable) on met couleur fur couleur, ou metal fur metal ; l'intention de celuy qui les prend, estant d'obliger par là, de s'enquerir du sujet de fa gloire. La mefme liberté fe 'prend aux brifeures en certaines rencontres, mais on ne s'en doit que fort peut fervir; fi ce n'eft qu'on vueille dire, que la bri-feure femble porter fur les figures, & non fur le champ : comme par exemple aux Armes brifées des Bourbons, le bafton de gueules, s'il eftoit en fon ancienne longueur, porteroit pluftoft fur l'Or des Fleurs-de-Lys, que fur l'azur du champ. Le mefme fe doit dire pour tirer de peine ceux, par exemple, qui voyent fur un champ de gueules, un Lyon d'or, couronné de Synople ; car le Synople eft fur l'or & non fur le gueules.

Quant à la fignification & denomination de ces Emaux, l'Or fignifie le Soleil, le Feu, le Midy, le Jour, la conftance dans les perils, & la fermeté dans la Foy. L'Argent, fignifie la Lune, la Nuit, l'Orient, l'innocence & la franchife. L'Azur dénote l'activité, l'air & les Mers. Gueules (qui vient peut-eftre de *Gulud*, mot Hebreu, placque de peau rouge ; ou de *Cufculium*, graine à teindre en écarlatte ; ou enfin de *Gula*, muffle fanglant des beftes feroces) repre-fente les honneurs & les dignitez, ou pluftoft la cruauté. Le Sable qui vient du froid & du fec, quali-tez de la terre appellée Sable par abus, en emprunte fon nom ; ou de certain Sable noir, fort propre à dérouiller les armes ; & dénote la terre, la mélanco-lie, le filence & le fecret, qu'on doit obferver en toutes entreprifes. Synope, ou Synople par abus, vient de Synope Ville de Pont (fertile en certaines terres rougeaftres, qui fe teignent en verd, & font

de grand ufage en la teinture) & fignifie l'efperance,
la jeuneffe, la force : le Pourpre, fignifie la grandeur
fouveraine, comme l'ornement des Roys. A ces couleurs, quelques Eftrangers adjouftent la fanguine,
l'Orangé & le tanné : mais leur opinion n'eft point
fuivie. On fe fert encore en Armoiries de la couleur
de chair qu'on nomme Carnation, & des couleurs naturelles, aux chofes reprefentées, qui fe mettent en
affiette, & jamais en champ.

Maintenant par adition à ces Emaux, nous dirons
la maniere comme on doit reprefenter les Pannes ou
Fourreures, nommées Vair & Hermines.

Vair, eft ainfi dit par corruption du mot Varié ;
dont on fe fervoit pour expliquer les mouchetures
de peaux de Genettes, qui eftoient noires, & femées
de taches rouffes. Ces Genettes, font animaux d'A-
frique de groffeur d'un Chat, qui ayant été trouvées par
Charles Martel, à la deffaite d'Abderame, parmy le
butin, luy pleurent tant, qu'il en inftitua un Ordre de
Chevaliers, jufques au nombre de feize, pour eftre les
particulieres marques de fa victoire. Depuis, les Chevaliers mirent en leurs Armes la figure de ces peaux,
& leurs fucceffeurs ayant continué, la chofe fut enfin generalement reçeuë : opinion preferable à celle
que quelques-uns ont fondée fur le Sire de Coucy, combattant en Hongrie ; où pour r'allier les
fiens, il fe fervit comme d'un Enfeigne, de fon
Hocqueton découppé par bandes. Obfervons toutes-
fois que les couleurs naturelles aux Genettes, n'y font
pas employées.

Ordinairement, vairé eft compofé d'Argent & d'A-
zur, & lors on dit vairé fimplement, comme eftant fes
propres Emaux. S'ils font autres, il eft befoin de les
dire: Et lors cette façon de Vair s'appelle, *Vair compofé*,
par exemple, de gueules & d'or.

Quant à fa figure & portraiture, ce font quantité
de Pots, Cloches, ou Chappeaux, rangez en droite
ligne, dont les uns femblent renverfez, & les autres
debout. Par fois ces Cloches font rangées en forte
que les bords d'une de celles d'azur, touchent immediatement à une autre d'azur, & de mefme de celles d'argent; & lors on dit contre-vairé : elles font auffi fouvent placées cul-fur pointe, comme au Pal vairé.

Le vairé ordinaire eft de quatre tirez : s'il excede, il le
faut fpecifier. Le plus gros, *dit Beffroy*, eft de trois tirez,
& le plus petit nommé *menu Vair*, eft de fix.

Maintenant venons à l'Hermine, qui fe prend pour
la peau d'un Animal connû particulierement au
Royaume de Pont, de grandeur d'un Rat ; qui blanc
par le corps, n'a de noir que le bout de la queuë,
mais que les Foureurs contrefont, avec des peaux
blanches de jeunes Aigneaux eftouffez en naiffant, où
ils coufent certains flocquons noirs, pour plus grand
ornement. Les Bretons leur ont donné place les premiers dans les Armes. La raifon qui les y a conviez,
eft affez incertaine. Les uns tiennent qu'ils ont voulu
figurer par là leur naturel, propre également fur Mer
& fur Terre, comme celuy de l'Hermine, qui dail-
leurs eft plus commune en leur Païs qu'en aucun autre
de l'Europe. D'autres tiennent que la Princeffe Bre-

tonne Hermione, trouvée tres chaste, apres une forte
accusation d'impudicité, chargea ses Armes d'Hermines, symbole de pureté. Quelques-uns croyent que
le grand Roy Artus, pour avoir esté secouru de la
Vierge, qui luy couvrit son Bouclier d'un manteau
d'Hermines, comme il combatoit en France le Geant
Frollo, prit le premier l'Hermine en ses Armes. Quelques autres croyent, que ce furent les trois fils du Duc
Breton Clerodus, nommez Yvon, Guyon, & Jan-
non ; en memoire de ce que leur Mere obligée de
fuir, par Caradeû Roy d'Angleterre, les emporta
encore enfans, enveloppez d'Hermines, dont ils se
couvrirent depuis en divers combats, faits par eux, tant
en Escosse, à la Cour du Roy qui les protegeoit, qu'en
leur Païs natal, où ils se restablirent à force d'armes.

Les Emaux de l'Hermine sont Argent & Sable.
L'Argent pour le Champ, & le Sable pour les mouchetures, qu'on represente par trois branches faites
de plusieurs lignes, eslargies aux extremitez, & posées
en croix autour d'un point, soûtenuës d'une autre
branche qui s'estend en bas, en largeur & longueur
notable, terminée pour l'ordinaire par cinq lignes.
Aux Hermines sont opposées les contre-hermines, qui
sont de Sable pour le champ, & d'argent pour les mouchetures, que quelques-uns appellent de Sable *poudré*
d'argent.

Au surplus, il est à remarquer que les fourreures,
soit Vair ou Hermines, se mettent indifferemment
sur couleur ou metal : comme participant de l'un & de
l'autre ; bien que plusieurs soient d'opinion contraire,
& que

& que les mouchetures en sculpture ne doivent pas
estre de relief.

Pour les pieces honorables ordinaires, elles sont neuf,
le Chef, la Face, le Pal, la Bande, le Chevron, la Croix,
le Sautoir, le Gyron, & l'Escusson en cœur, ou en abysme. Ausquelles plusieurs adjoustent, l'Orle, la Barre,
la Bordure, le Franc-quartier, l'a-dextré, le senextré,
l'emmenché à dextre, l'emmenché à senextre, le chauffé à dextre, le chauffé à senextre, & la pointe.

Le Chef qui represente le Casque, le Bandeau Royal,
ou la Couronne, se prend proprement pour la troisiéme & la plus haute partie de l'Ecu, formé d'un Email
different de l'Escusson. Comme si l'Escu est de couleur,
le Chef doit estre de metail, ou du moins de Couleur
differente : & lors on dit *cousu*, pour éviter la faute de
Couleur sur Couleur. Le Chef se retraissit d'un tiers, lors
que dessus ou dessous, il est accompagné d'un autre petit Chef. Si le petit est dessus, on dit surmonté, & s'il est
au dessous l'on dit soustenu.

Il en est d'ajoûtez, couverts, remplis, dentelez, dan-
chez, paillez, fleurónez, patez, chappronnez, & coupez.

La Face qui represente la Ceinture du Cavalier armé,
ou l'escharpe, est la troisiéme partie de l'Escu, la prenant
au milieu, d'un costé à l'autre. Il en est de plusieurs sor-
tes, cóme danchées, qui est en forme de feüille de Scie,
dont les dents (nommées dancheures autrement)
composent le fassé danché, lors qu'on les entre-lasse
les unes la pointe en haut, & les autres en bas : Les
autres sont massonnées, crenelées, ou bretessées, &
contre-bretessées, échancrées, vivrées, ondées, entées,

C

engreſlées, canelées, nebulées, nuancées, & noüées, aiguiſées ou aiguiſées en cœur, pâlées, & autres.

La maſſonnée eſt de diverſes pierres entrelaſſées, figurées par des lignes qui ſe coupent.

La Breteſſée ſe dit à 3. 4. ou 5. creneaux. La contre-breteſſée, ſi les cerneaux ſont deſſus & deſſous.

L'eſchancrée eſt arrondie par les extremitez.

La vivrée eſt façonnée, comme de longues couleuvres, repliées en ondes, un peu pointuës, nommées Danſes, Guivres, Vivres, Guiſſes, Biſſes, ou Lyſans.

L'ondée, eſtant multipliée, on dit faſſé ondé, qui eſt toûjours de ſix, autrement il faut ſpecifier le nombre des ondes, qui doivent eſtre en faſſe.

L'entée eſt preſque ſemblable à l'ondée, horſmis que les ondes naiſſant aſſez eſtroites, vont finir en rond d'une & d'autre part.

L'engreſlée eſt de divers demy-Cercles, dont les pointes unies regardent les bords de l'Eſcu.

La canelée eſt de meſme, hors que les pointes des Cercles, regardent le dedans de la faſſe.

La nebulée eſt comme en ondes inegales.

La noüée porte cóme un demy ród deſſus & deſſous.

Les diminutifs de la faſſe ſont ; Faſſe en deviſe (plus petite que l'ordinaire de moitié ;) Trangle plus petite que l'ordinaire d'un tiers, & Burelle.

Ces deux dernieres different, en ce que la Burelle (qui ſe met ordinairement juſqu'au nombre de dix, & commence lors que l'Eſcu eſt remply de plus de huit Faſſes) eſt toûjours en nombre pair ; au lieu que la Trangle eſt toûjours en nombre impair, y ayant le plus de pieces en champ, & le moins en affiete.

Les autres diminutifs, font la Jumelle, & la Tierce, ou Amade.

La Jumelle eft compofée de deux petites Burelles, pofées l'une fur l'autre ; en forte qu'elles laiffent au milieu d'elles, l'efpace d'une autre petite Burelle.

L'Amade eft de trois pieces feparées, & de moindre largeur; quelquesfois on les paffe en fautoir.

Pour le Pal, il fe prend pour la troifiefme partie de l'Efcu, qui regne par le milieu, depuis le haut jufqu'au bas.

Que s'il y a plufieurs Paux en l'Efcu, on les reftraint en forte, que fi on en met deux, ils comprennent deux parties de l'Efcu, les cinq faifant le tout.

Si le nombre des Paux eft pair, on dit pâlé de quatre ou fix pieces, qui eft le nombre ordinaire du pâlé veritable; s'il eft impair, on nomme le champ, & puis la quantité de paux qui s'y trouvent.

Et en cas que les Paux foient de divers Emaux, en forte qu'ils femblent couppez, on dit pâlé, contre-palé; façon encore ufitée pour la faffe & la bande : lors que le pal eft fourchu en quelque endroit, on dit au pal failly.

Il eft auffi des Paux crenelez, maffonnez, ondez, de mefme que nous avons dit des faffes.

Lors qu'il eft en pointe par le bout inferieur, on dit aiguifé.

Lors qu'il ne touche pas les extremitez de l'Efcu, on dit alizé, alaizé, alaize, ou racourcy.

Lors qu'il eft chargé de chevrons, faffes ou bandes,

on dit au Pal chevronné, faſſé, bandé.

Et lors que naiſſant du haut de l'Eſcu, il vient finir au milieu, on dit au Pal retrait.

Lors qu'il ſe meut du bas en haut, & finit au cœur de l'Eſcu, on dit abaiſſé.

Par fois, trois Paux ſortent des deux cantons ſuperieurs, & vers le cœur viennent en ioindre vn autre, qui monte de la pointe inferieure; & lors on dit à trois Paux cantonnez, poſez en perle; c'eſt à dire deux en chef, & un en pointe,

Si lors qu'on l'employe, il excede le nombre de neuf, il eſt nommé Vergette, qui eſt ſon diminutif.

Pour la Bande, qui repreſente le Baudrier, elle comprend la troiſieſme partie de l'Eſcu, priſe au milieu, depuis l'angle droit ſuperieur, iuſqu'à l'angle gauche inferieur. Elle ſe met tantoſt ſeule & tantoſt au nombre de 2.ou de 7. juſqu'à huit: paſſé quoy, ou ne dit plus Bande, mais Cottice, qui contient la troiſieſme partie, ou ſelon d'autres, les deux tiers, comme eſtant ſon diminutif.

Il eſt à noter, que diſant bandé d'azur & d'or, de ſix pieces, qui eſt ſon vray nombre, on déſigne que l'azur commence à droit, & de meſme generalement des autres pieces du Blaſon.

La Bande encore, a pour diminutifs le filet, le baſton; & pour oppoſez la contre-bande, ou barre, affectée aux Baſtards: elle contient la troiſieſme partie de l'Eſcu, & tombe de l'angle gauche ſuperieur de l'Eſcu, au droit inferieur.

Ses diminutifs, ſont contre-cottice, contre-filet, & contre-baſton, autrement dit traverſe.

Quand au Chevron, ſa figure eſt triangulaire; il ſe
leve des deux extremitez inferieurs de l'Eſcuſſon, & ſe
va joindre en pointe au milieu de la ſuperieure. Il en
eſt de pluſieurs ſortes: comme chevron couppé, renverſé, tourné, briſé, heriſſé, & ployé.

Coupé, c'eſt lors que la pointe en eſt oſtée.

Renverſé, c'eſt lors que la pointe aboutit à celle de
l'Eſcu.

Tourné, c'eſt lors que la pointe naiſſant d'un des
bords de l'Eſcu à coſté, va porter ſes deux branches à
l'autre part oppoſite.

Briſé, c'eſt lors que la pointe en eſt couppée, en ſorte qu'il demeure de l'eſpace vuide entre les branches.

Heriſſé, c'eſt lors qu'il eſt en longues dents de ſie.

Ployé, c'eſt lors que ſa ſuperficie ſuperieure eſt arrondie en dedans : par fois il l'eſt auſſi par celle de deſſous, & lors on dit en arche.

La Croix maintenant, trop connuë pour eſtre dé-
crite, occupe la troiſieſme partie de l'Eſcu, & ſe peint
diverſement, dont elle emprunte ces divers noms ;
plaine, niſlée, coupée, racourcie, aliſée, alaiſée, ou
alaiſe, engreſlée, canelée, ancreée, ſur-ancrée, bour-
donnée, ou pommetée (de 1. 2. ou 3. pieces) Croix de
Toulouze, qui eſt Clechée, vuidée, & pommetée,
Croix recroiſetée, gringolée, Croix haute ; Croix
du Calvaire, lors que la haute eſt accompagnée de
deux autres ; au pied fiché, fleuronnée, ou fleuretée,
lors qu'elle eſt ornée par les bouts de quatre fleurons ;
fleurdeliſée ou fleurancée, lors que ce ſont des Fleurs-
de-Lys, au lieu de fleurons ; patée; potancée ; ſercel-

lée, reſſercelée, danchée, dantelée, Croiſantée, Pa-
triarchale, ou de Lorraine, de Malthe, du Saint Eſprit,
divine, ou rayonnante, mouſuë, aiguiſée, eſtoillée,
peronnée, cordée, cablée, barbée, baſtonnée, ou
noüeuſe, patenoſtrée, beſantée, tourtelée, c'eſt à dire
chargée de Beſans ou de Tourteaux, remplie, vuidée, ou
voltée; taf, tau, ou T, ou Croix de Saint Antoine,
Croix ou Eſpée de S. Jacques, cramponnée, tournée,
qui eſt lors que le crampon va à gauche, Croix coque-
relle, ou à balluſtres, ſans pied; fourchée d'une ou plu-
ſieurspointes, tréflée d'une ou pluſieurs pieces, crenelée,
ou baſtillée, breteſſée, ou contre breteſſée, ondée, arrondie, antée en rond, enhendée; ombrée, qui eſt l'ó-
bre d'une Croix ; Croix double de pluſieurs pieces,
entre-laſſée, ouverte en Pal, ou tronçonnée & démem-
brée; Croix en fourchette de Mouſquet, & autres qui
ſe compoſent de pieces ou figures vivantes, ou artifi-
cielles; ſoit qu'elles ſe touchent ou ne ſe touchent pas;
telles que les Croix d'hermines, vairées, eſchiquetées,
faites de teſte & cols d'Aigles, de Serpens, de Lions, &
de pluſieurs trefles, qu'on dit, peris en Croix.

Par fois elles s'eſcartellent, & ſe partiſſent; & par
fois ſe compoſent de diverſes branches confrontées en
cœur; ce qui ſe verra mieux, comme ce que nous venons de dire, par les figures qui ſuivront.

Notons ſeulement icy quelques differences qui ſe
trouvent entre les Croix que nous avons rapportées.

Croix danchée, eſt lors que les dents ſont petites.

Croix dantelée, eſt lors qu'elles ſont grandes.

Croix cordée, eſt lors que la Croix eſt euvironnée

& tortillée d'une corde, en forte que le fonds de la Croix paroiffe.

Croix cablée, lors qu'elle eft compofée de deux tronçons de cable de Navire

Croix patenoftrée, eft peinte en relief.

Befantée, toute plate de metal.

Tourtelée, auffi de figure plate, mais de couleur.

Croix remplie, eft lors que la Croix eft chargée d'une autre petite Croix, differente de fon efmail, & de celuy du champ.

Vuidée, eft lors que la Croix eft percée à jour en Croix, de forte qu'on voit l'efmail du champ.

A la Croix fuccede le Sautoir, ou Croix de Saint André, qui de fes quatre extremitez touche les quatre coins de l'Efcu, dont il occupe cinq parties, les neuf faifant tout. Il fe figure en autant de fortes que les pieces déja nommées.

Pour le Gyron (qui dans fa forme eft un triangle irregulier à longue pointe, telle que la marche d'un efcalier à vis) il eft rarement employé tout feul dans les Armes.

Quand on dit gironné fimplement, on entend de huit, qui eft comme un compofé de couppé, parti, tranché, taillé, felon quelques-uns; felon d'autres, il en differe beaucoup, car ils font que les huit pieces unies en pointe au centre de l'Efcu, portent leur largeur efgalement dans les angles; en forte que le point du milieu de cette largeur, donne droit dans le milieu de l'angle.

Finalement, l Efcuffon en abyfme fe prend lors qu'un feul Efcuffon eft pofé au milieu du champ nud, & à vuide, comme nous avons déja dit.

Pour les autres pieces que l'on adjoufte aux honorables, nous en dirons quelque chofe, bien que nous les ayons rejettées : l'Orle , la Barre, & la Bordure, auront leur place parmy les brifures : le franc-quartier a efté déja traité.

L'adextré , eft reprefenté par une ligne paralelle à celle de l'Efcu , du cofté droit, qui en occupe un quart, figuré de divers Efmaux à ceux du champ : fenextré eft le contraire.

Emmenché, eft de mefme que le chappé, finon qu'il ne va pas fi bas ; lors qu'il n'y a que la ligne du cofté droit, on dit emmenché à dextre ; lors qu'il n'y a que celle du cofté gauche, on dit emmenché à fenextre.

Chauffé eft la figure oppofée à l'emmenché ; c'eft à dire que fi le premier touche le haut de l'Efcu avec fa pointe, celle de l'autre en touche le bas.

Pour le chappé ou la pointe , nous en avons déja parlé.

Quelques uns font encore mention du mentelé, ou fappé, qui ne vient pas du haut du chef, comme le chappé.

En fuite des pieces honorables, viennent les figures naturelles, infenfibles & animées, comme le Soleil , l'Eftoille, le Croiffant , les Arbres , Fruits , Plantes, Fleurs, Pierreries, Coquilles, Rocs, Montagnes, Flames, Ondes, Poiffons, Oifeaux, Griphons, Lions, Leopards, Cerfs, Licornes, Sangliers, Loups, Chevaux, Bœufs, Moutons, Chiens, Chats, Serpens, & autres de moindre ufage dans le Blafon.

Par

Par fois elles font pofées fur les pieces honorables, & lors on dit (par exemple) à la bande chargée de trois lionceaux, d'autres difent empefchée ou remplie, mais improprement.

Lors qu'elles font fur l'Efcu, on dit fimplement d'azur; par exemple, à trois trefles d'or, en perle; qui s'entend deux en chef, & un en pointe.

S'ils eftoient un en chef, & deux en pointe, on diroit mal ordonnez.

S'ils eftoient rangez fur une mefme ligne, on diroit rangez en face ou pal; felon que la ligne feroit pofée.

Par fois, de mefme que les pieces honorables, les figures naturelles font divifées avec l'Efcu de l'un en l'autre; comme par exemple, party de gueules & d'or, à un Lyon de l'un en l'autre, couronné de mefme: ou faffé d'argent & d'azur, à un Lyon de l'un en l'autre, accolé de gueules, enrichy d'or : qui veut dire qu'il a des boutons, de la broderie, ou des paffemens d'or, fur le collier : ce mot de l'un en l'autre, fignifie que le Blafon eft compofé de diverfes pieces oppofées vis à vis, pareilles en figure, differentes en émaux ; qu'elles fe communiquent mutuellement l'une à l'autre, pour fe bigarrer à l'oppofite.

Notons encore que tous Animaux de Blafon, ont ordinairement la tefte tournée vers le cofté dextre de l'Efcu, excepté lors qu'eftant deux ils font affrontez, car en ce cas, le droit eft obligé de prendre une contraire fituation.

Lors qu'ils font feuls & regardent à gauche, on le

doit ſpecifier, diſant tournez ou contournez, Voila pour les figures en general, venons maintenát au détail.

D'ordinaire le Soleil ſe trace de douze rayons, moitié droits & moitié ondez alternativement.

Le Croiſſant eſt pris en cinq façons ; Croiſſant montant, verſé ou renverſé, tourné, contourné, & tourné en bande. Les cornes du montant regardent le haut de l'Eſcu ; celles du verſé regardent la pointe, celles du tourné regardent le coſté droit, celles du contourné regardent le gauche ; & celles du tourné en bande, regardent l'angle ſuperieur de l'Eſcu du coſté droit.

Lors qu'on dit Croiſſant ſimplement, on entend montant.

L'Eſtoille d'ordinaire eſt de cinq pointes, & ne paſſe jamais ſeize : elle differe de la molette, en ce qu'elle n'eſt jamais percée par le milieu.

La Comete ſe peint ordinairement de huit rayons, environnée d'une grande clarté. Il en eſt auſſi de caudées, & chevelées. Caudées ſe dit de deux ou trois rayons ondez. Chevelée, eſt caudée en forme de longs cheveux épars.

Les Arbres d'ordinaire ſont poſez en Pal. Entr'eux eſt remarquable le Crequier ; arbriſſeau qui ſe peint en Chandelier, à ſept branches, ayant ſes bouts terminez en Fruits, pareils à de groſſes capres.

Les Fruits, Plantes, Fleurs, & Pierreries ſe peignent vulgairement au naturel. Entre les Pierreries l'Eſcarboucle donne ſon nom à une figure compoſée de huit rays ronds, aboutiſſans à une eſpece d'anneau, poſé au centre de l'Eſcu ; quatre en Croix & quatre

en bande & contre-bande, pometez par les bouts &
le milieu , tantoſt ouverts , & tantoſt fermez d'une
enceinte fleuronnée.

Pour les fleurs , quelque diverſité ſe trouve en
quelques-unes, comme au Lys, à la Roſe, ou Quinte-
feüille.

La fleur-de-Lys eſt aſſez connuë. Il faut noter ſeulement que la dépeignant comme le pied caché en
terre, on dit au pied coupé, perdu : ou plus ordinairement nourry.

La Roſe retient ſon nom lors que les feüilles ſont
ſans nombre ; lors qu'elle n'en a que cinq, on l'appelle
quinte-feüille.

Obſervez que pour l'Eſcu tout couvert de fleurs on
dit ſemé, & pour celuy qui n'en a que dans une partie,
on ſe ſert du mot de diapré.

Quand les Fleurs ou Fruits, ont la tige en haut, ou
mouvante du chef , on dit verſez ; & (s'ils le ſont)
feüillez & tigez.

Pour les Coquilles, il n'y a rien de particulier ; non
plus que pour les Montagnes & les rocs , ſinon que
la figure de ces derniers s'eſloigne par fois du naturel ;
comme aux Armes de Roquelaure, que l'on appelle
pour lors, Rocs d'Eſchiquier.

Les Ondes ſe peignent en face, & les flames en pal.

Les Poiſſons indifferemment. S'ils ſont dos à dos
on dit adoſſez : & par fois ſelon l'eſpece & la forme,
montans ; s'ils montrent les deux yeux & le dos à
plein, vifs ou paſmez ; aureillez ; barbelez ; creſtez ;
alumez, pour les yeux ; peautrez pour la queuë, & lorrez

pour les nageoires : s'ils ont la gueule clofe, c'eft *pafmé*:
lors qu'ils l'on fermée, c'eft *vif* : entr'eux le Dauphin
fe doit peindre en croiffant, à caufe de l'ufage.

Pour les Oyfeaux, on dit bequez & membrez ; bequez pour le bec ; & membrez pour les pieds ; termes
qui fervent à l'Aigle qu'on tient pour leur Roy : car
on dit de luy, efployé, bequé, langué, ou lampaffé, onglé, ou armé (qui pourtant convient mieux aux animaux à quatre pieds) membré ; diadémé, & couronné.
Efployé, veut dire à deux teftes ; diadémé, exprime fur
fa tefte un cercle ou diadefme; & couronné, une couronne ; le refte s'explique de luy-mefme. Son diminutif eft l'Alerion ou Alelion, que quelques-uns veulent
peindre fans jambes ny bec, & les aifles eftenduës.

Aux Aigles fuccedent les Merlettes(diminutif du Mer-
le) qui fe peignent toûjours fans jambes, ny bec, les
aifles pliées ; à raifon de quoy on les prend pour la figure d'un ennemy vaincu.

Des Efpreviers, on dit par fois chaperonnez, grille-
tez, liez, & perchez : on les peint comme les autres Oyfeaux, les aifles eftenduës ou pliées. Souvent on ne met
que des aifles feules dans l'Efcuffon, & lors s'il y en a
deux, on dit, au vol ; fi une, au demy vol, de même que
de celles de Papillon. On dit papelonné lors qu'elles
font fans nombre, & fi elles eftoient fur des triangles,
on diroit découppé, papelonné. Pour en expliquer les diverfes couleurs, on fe fert du mot bigarré ou marqueté.

Pour les Animaux à quatre pieds, les Grifons,
Lyons, & Leopars, ont quelques termes de commun
enfemble, comme armez, lampaffez, acollez, mem-

brez, couronnez, affociez, adoffez, affrontez, iffans, naiffans, regardás, vairez, burellez, herminez, bigarrez.

Le Lyon eft proprement celuy à qui ils conviennent le mieux : il eft rampant ou paffant. Lors qu'on le nomme fimplement, on entend rampant, ou levé fur fes pieds de derriere, comme eftant fa pofture naturelle, d'où vient que le Lyon paffant, eft nommé leopardé ; & tout au contraire, le leopard rampant, eft dit lionné.

Le Lyon iffant, ne monftre que la tefte, le bout de la queuë, & le bout des jambes de devant.

Le Lyon naiffant, monftre la moitié anterieure du corps, & fe pofe au milieu de l'Efcu.

Le Lyon regardant, ne monftre que la tefte.

Le Lyon morné, n'a ny dents ny griffes.

Les Lyons dragonnez, font façonnez par le train de derriere, en ferpent plié & replié en rond.

Les Lyons diffamez, ou infamez, ont la queuë couppée.

Les Lyons deffaits, ou decapitez, ont la tefte coupée ; en forte que la bleffure foit unie.

Les Lyons éteftez, ont la tefte arrachée d'une playe inegale à plufieurs filamens.

Le Lyon fe multiplie dans le blafon, & fouvent fe charge de quelques figures : il peut eftre pofé fur un champ diverfement émaillé, & fe met en pal, bande, faffe, fautoir, & autre pieces honorables ; fa queuë regulierement, à le flocon de poil qui la termine, tourné vers le dos : elle eft par fois noüée & entée; c'eft à dire terminée par un nœud, & puis accruë d'une nouvelle branche, qui jointe avec l'autre se passe en sautoir, comme au Lyon de Luxembourg.

Le Leopard de sa nature est passant, autrement on le specifie; il se montre de front par la teste, en cela dissemblable du Lyon, qui ne montre jamais qu'un œil.

Le Cerf a aussi ses mots propres. On dit au Cerf de gueulles, ou naturel, (parce que cette couleur aproche du fauve) sommé, armé, & chevillé, jusqu'à treize cors; passé quoy, on dit armé de cors sans nombre : il doit estre ordinairement de figure passante, bien que quelques uns le fassent rampant.

La Licorne n'a rien de particulier, sinon que comme la chevre, lors qu'elle est droite, on la nomme saillante.

De l'Ours, on dit dressé pour exprimer qu'il est rampant; du Sanglier, qu'on figure toûjours passant, on dit lampassé, miraillé, pour les yeux, aux deffences d'argent, ou autrement selon leur émail.

Du Loup, on dit langué, onglé & denté; & mesme, armé, & lampassé, mais peu; pour ses yeux on dit allumé. Il est indifferent à passer ou ramper.

Le Cheval est passant, gay, forcené, cabré, ou effrayé, qui ne signifient tous quatre que rampant; semblable au Lyon, il ne montre jamais qu'un œil.

On dit le mesme du Bœuf, qu'on figure, à la difference de la Vache, avec un musle gros, & court, & un gros flocquet de poil entre les cornes : s'ils ont un collier, on dit accollez, si une cloche, clarinez, pour la corne de leur teste on dit acornez, & pour celle de leurs pieds, onglez.

Les termes du Mouton sont presque de mesme. Ceux du Chien sont, courant, rampant, colleté, accollé, bouclé, aboyant; des Chats, effrayez, & paſſans.

Les Serpens ſe mettent en pal, faſſe, & bande; & les Dragons auſſi, qui ſont volans, couronnez, languez & armez : du Crocodille, il eſt paſſant de ſa nature; le reſte eſt ſans difficulté.

Parlons de l'homme & de ſes ouvrages : dans les Armoiries, il eſt mis entier, ou en partie indifferemment, mais plus chez les Eſtrangers, que parmy nous : les uns y mettent des Cavaliers armez à cheval, & les autres des Moines, Sauvages, Rois, Reines, Femmes nuës, Mores, bandez, ou nom bandez, Anges, Seraphins, & autres figures : lors que la chair paroiſt au naturel, on dit carnation.

Pour exprimer la Teſte, on dit au bus; pour la Main qui ſe peint à nud, ou deſarmée, on dit arrachée, fermée, apaumée, & renverſée.

Venons à ſes ouvrages ; Aniles ſont faites en H, dont les deux jambes ſont courbées en rond par dedans : Beſans, ſont une eſpece de Monnoye Grecque, ainſi dite de Biſance, qui ſont toûjours de metal, à la difference des Tourteaux.

Billettes ſont de la forme de Bricques, & plus longues que larges, ſe repoſent ſur un bout de leur longueur. D'ordinaire ſi elles ſont ſur leur largeur, on dit couchées : quelques-uns les nomment Bricques, ou Billettes indifferemment : toutefois les Bricques ſont autres, & different des Billettes, en ce qu'elles montrent leur eſpaiſſeur en perſpective; ce que ne font pas les Billettes.

Il eſt auſſi des Tablettes figurées en quarré, ſans

efpoiffeur, mais elles font de peu, ou de nul ufage.

Broyes, peu ufitées, font faites en efpece d'aifles, denchées par le bas, attachées par fois avec des filets paffez en fautoir ; Boucle ou fermail de ceinture en rond, eft garnie de fon ardillon, reployé en face fur la boucle.

Les Chafteaux fe reprefentent d'un émail, & font maffonnez d'un autre ; c'eft à dire que les pierres, par exemple, feront d'argent, & leur liaifon de fable ; on dit auffi, ouverts, ou fermez pour les portes.

Les Cloches (Armes parlantes felon plufieurs, d'autant que la Cloche advertit) font dittes par fois bataillées, ou battelées, lors que le battant differe de la Cloche.

Les Colomnes, Couronnes, & Clous de la Paffion ont auffi lieu dans les armes ; comme femblablement les Chapperons ou Capuchons, que quelques-uns diftinguent ; en ce que les Chapperons font ouverts, & les Capuchons fermez ; & que d'autres prennent pour la mefme chofe : l'Efchiquier (figure d'un champ de bataille) fe reprefente à Carreaux joints enfemble de couleur & de metal alternativement, & fe met tantoft fur l'Efcu, & tantoft fur les pieces honorables, & autres figures, avec la difference des traits, tirées, ou rangées, qui d'ordinaire font de fix, & donnent à connoiftre le nombre des Carreaux, qui par fois font chargez de Tables ou Dames ; diftinguées des befans & tourteaux, par un rond fait en dedans.

Les Efpées par fois d'un mefme émail, & par fois pomettées & croifettées differemment, & tous au-

tres

tres ferremens s'employent auffi fort frequemment.

Fufée, derivée du Fufeau (Armes qu'on porte en faveur des Dames) eft telle que la lofange, mais émouffée par les coftez, ou du moins beaucoup plus longue que la lofange , qui tient un peu de la figure carrée : on l'employe feule , ou multipliée, en faffes, bandes, & autres pieces honorables.

Grains de chapelets, fe peingnent ronds en relief, pour eftre diftinguez des befans & tourteaux.

Gouffets, font pieces d'Architecture, façonnées en popitre ou piece d'armeure fous l'aiffelle, à guife d'aiguiere fort ouverte, & dont une branche feroit plus longue que l'autre.

Gonfanons, font Banieres d'Eglifes à plufieurs pendans, qui aboutiffent en pointes rondes, frangez par fois de different émail.

Les Haches ; Harpes ; Hayes vives, ou mortes ; Huchets au Cors de chaffe, enguifchez, ou liez de gueules, & virolez d'or, ou autrement, fuivent apres ; & font fuivis des jantes de rouë, cloüées du mefme efmail, ou d'un autre different ; & des Montons à piloter, ferrez indifferemment du mefme, ou d'un autre émail.

Les Lofanges par fois rempliffent tout l'Efcu, faites alternativement de divers émaux, & par fois forment des pieces honorables.

Il eft à noter que la lofange fe remplit affez fouvent : comme par exemple, d'argent à la lofange de gueules, remplie d'or : on diroit Macle, fi ce qui eft d'or eftoit d'argent ; car elle feroit percée pour lors à jour & non remplie, d'autant qu'on verroit l'émail du champ. La Mortaife eft carrée, & creufe en fon fonds.

Les Macles font de la forme des lofanges : mais percées à jour, de la figure mefme de la lofange. Elles ont pris ce nom de *macula*, tache, ou des mailles de grands filets, qu'elles figurent ; ou de Maclian fameux dans l'Hiftoire de Bretagne, qui premier s'en fervit en fes Armes.

Les Seigneurs de Rohan, fes décendans, en portent neuf (3. 3. & 3.) d'or, en champ de gueules, & l'on tient qu'en leur Duché, il fe trouve plufieurs Cailloux, qui ont au dedans cette figure empreinte ; & plufieurs Carpes dans leurs eftangs, qui les portent fur les efcailles ; ce qui pourroit avoir donné fujet à leurs premiers Anceftres de s'en fervir ; il en eft d'efcottées, en fautoir, pal, ou face.

Les Morailles ou mors de Caveçon ; les Molettes d'Efperon qui ne different de l'Eftoille que pour eftre percées en rond par le milieu, ont d'ordinaire cinq pointes ; & pareillement les Manches maltaillées, tiennent icy leur rang.

De la Navire, on dit, vogante, équippée, voilée, au Maft armé, ou defarmé, & fretée ; ce terme de freté fe prend pour une efpece de treillis, dont les pieces entre-laffées, les unes deffus, les autres deffous, tombent du chef vers la pointe, moitié en bande, & moitié en contre-bande. Le nombre ordinaire des pieces en eft de fix ; s'il excede, ou s'il eft moindre, il faut le fpecifier.

Navettes, font outils de tifferanderie, & fe poin-
tent tantoft en haut, tantoft en bas. Leur figure eft en
ovale, & fe perce à jour.

En fuitte les Oftelles, qu'on prend pour des aman-
des ; les Pavillons, frangez, cordez, & arreftez ;
les perles ordinaires ; perles façonnée en Y ; & les
portes ouvertes ou fermées, d'un ou de deux degrez,
fommées de deux ou trois creneaux, accompagnées
de ponts, couliffes, herfes, ne font pas moins confi-
derables dans le Blafon.

Les Redortes de plufieurs pieces auront leur rang
dans nos figures. Les Ruftres font femblables en leur
circonference aux lofanges & macles, & ne different des lofanges qu'en ce qu'elles font percées en
rond.

Les Tourteaux, qu'on peut prendre pour des
gafteaux, boulles, ou playes, font toûjours de couleur, & fe peignent avec quelque peu de relief (felon
le fentiment de plufieurs) & fe mettent feuls, ou en
nombre ; de mefme que les verteuelles ou bris d'huis,
& les vafes ou couppes, couvertes.

Voila les plus notables ouvrages de l'homme, mis
en œuvre dans le Blafon, que nous avons parcourus
par les lettres de l'alphabet ; qui s'employent elles
mefmes dans les Armoiries, mais fort rarement, &
plus chez les Eftrangers que parmy les François, où
les exemples auffi en font plus rares.

TROISIESME PARTIE.

NOUS avons jufques icy rapporté les pleines Armes, ou du moins les chofes dont elles fe compofent en faveur des aifnez, à qui elles font refervées ; les Cadets & les Puifnez les portent auffi , mais avec quelque difference d'inferiorité; ce que l'on apelle brifures, dont le nombre n'eft point limité, puis qu'il dépend de la fantaifie.

Les uns prennent des Eftoiles, Croiffans, Soleils, Animaux, Oyfeaux, Fleurs, & autres chofes, pofées d'ordinaire fur le flanc dextre de l'Ecu, en chef, ou mouvantes d'iceluy; le cofté fenextre eftant pour les Baftars, qui font obligez de brifer de mefme que les Puifnez.

D'autres brifent, en diminuant les pieces, & d'autres en changant l'émail de leurs Armes. Mais le plus fouuent pour brifures on fe fert du Lambeau, de la Bordure, de l'Orle, Bafton, Bande, ou Cottice, que ie mets icy felon leur dignité. Car on tient que s'il fe trouvoit cinq puifnez en une maifon ; le Lambeau appartiendroit au premier ; la Bordure au fecond, & ainfi des autres, fi bien que les puifnez du premier puifné ; pour doubles brifures, ou fous-brifures, deuroient augmenter les pendans du Lambeau; le premier d'un ; le fecond de deux autres; & les autres de mefme, iufques à cinq : après quoy pour fous-brifures on chargeroit le Lambeau, qui d'une figure, qui d'une autre.

Les fous-brifures de la bordure, font premierement de la faire engreflée ; fecondement de la charger de tourteaux ou befans ; troifiefmement de la chomponner ; & en dernier lieu, de la charger de plufieurs figures, ou d'une feule ; en forte que leur nombre montre celuy des degrez, dont celuy qui brife eft efloigné de l'aifné.

Il en eft de mefme des autres brifures, dont il faut maintenant expliquer la figure. Le Lambeau fe peint en Cottice, foûtenuë de plufieurs pendans qui ne font iamais au deffous de trois, ny au deffus de cinq : en fa largeur, confiderée fans pendans, il n'occupe que la neufiefme partie de l'Ecu. Pour la Bordure, elle environne la circonference de l'Ecuffon, & contient en fa largeur la moitié d'une bande. Il en eft de couleur, & de metal indifferemment ; d'engréflées, canelées, dentelées & camponnées de diuers efmaux. L'Orle, eft une ceinture compofée d'une ou plufieurs pieces, rangées de fuitte ; mais feparées les uns des autres, & un peu efloignées des bords de l'Ecu. Quelques-uns appellent les grands anneaux des Armes, Orles ronds, mais affez improprement.

Le Trefcheur ou Effonnier, eft prefque de mefme ; finon qu'il fe fait de quatre lignes pofées l'une aupres de l'autre (felon quelques uns) de mefme que l'Orle ; il eft par fois Fleurdelifé ou Fleuronné.

Le Bafton eft de figure ronde, & n'a de largeur que le tiers de la bande. De longueur tantoft il donne dans les deux angles, & tantoft ne fort prefque pas du cœur de l'Ecu.

E iij

Pour la Bande & la Cottice, nous en auons defia parlé. Obferuons feulement que ces brifures, qui la plufpart brochent fur l'Efcu, doiuent eftre differentes en émail, ou du champ, ou des pieces, mais beaucoup plus des pieces ; d'autant qu'elles femblent pluftoft pofées fur elles, que fur l'Efcu. D'où vient qu'aux Armes des Princes de la Maifon Royalle de France, le Bafton de gueules en champ d'azur, au milieu des trois fleurs-de-Lys d'or, n'eft point couleur fur couleur ; veû qu'à confiderer l'Efcu en fa figure ancienne, le Bafton qui donne dans les deux angles, brochant fur les fleurs-de-Lys d'or fans nombre, femble eftre foûtenu par elles, & ne point toucher à l'Ecuffon, comme nous auons defia dit.

QUATRIESME PARTIE

PARLONS maintenant des ornemens & adjoints exterieurs de l'Escu ; sous ces noms, s'entendent les Couronnes, Tiares, & Mitres, Heaumes, ou Casques, Bourrelets, Cimiers, Pennaches, Suports, ou Tenans, Pauillons, Chapeaux de Cardinal & de Duc, Manteaux, Cordelieres des Dames, Deuises, Cris de guerre, Colliers d'Ordre, marques de hautes dignitez, & Litres.

Les Couronnes à l'antique, sont à plusieurs rayons, d'ordinaire à douze. Celles d'Empereur sont representées comme une Mitre, à peu prés, iointe au sommet par une Boule du Monde, & une Croix de Perles; ils la prenoient autresfois à Rome des mains du Pape, ayant esté couronnés de fer à Aix la Chappelle, & d'argent à Milan.

Les Rois de France (depuis François I. qui la prit ainsi) portent la leur esmaillée de Pierreries, rehaussée de fleurs-de-Lys tout autour, fermée à l'Imperiale de huit rayons, bandes ou demy diademes, & terminée par une double fleur de-Lys pour estre veuë de tous costez.

Les Dauphins la portent fermée de quatre bandes;

Les Roys d'Angleterre en qualité de Roys de France, la portent rehaussée de quatre fleurs-de-Lys, & de quatre Croix pattées sommée d'une Croix pattée.

Les Roys d'Espagne, & de Pologne, la portent fermée de huit pieces, rehaussées de hauts Fleurons, trefles fendus, ou feüilles de Chesne. Mais ceux d'Espagne
ont cela de particulier, que la leur est sommée d'un
Globe croiseté.

Celles des Ducs & Princes, sont de huit grands Fleurons d'or, soûtenus d'un Cercle.

Celles des Freres de nos Roys, de huit fleurs-de-lys.

Celles des Princes de leur Sang, de quatre hauts
Fleurons & quatre fleurs-de- Lys.

Les Seigneurs qui possedent des Principautez, sans
estre Princes, la portent à l'antique, non fermée.

Les Marquis, pour Couronne portent un Cercle
rehaussé de quatre bas Fleurons, meslez de douze pointes, qui soûtiennent autant de Perles.

Les Comtes, un Cercle d'or, garny de Pierreries,
rehaussé de dix-huit Perles.

Les Vidames, un Cercle enrichy de Pierreries, greslé
de Perles, surmonté de quatre Croix pattées.

Les Vicomtes, un Cercle esmaillé, surmonté de
quatre grosses Perles.

Les Barons, un Cercle environné d'un Chapelet de
Perles enfilées.

Ceux-là seulement ont droit de porter Couronnes :
leurs femmes les portent de mesme, hors qu'on les represente un peu plus petites.

En suitte sont les Mitres Papales, composées premierement d'un long Bonnet, ou Armet d'or, surmonté d'une Boule croisetée, reuestuë & parée de trois Couronnes Royalles.

Les

Les Cardinaux, Timbrent d'un Chapeau rouge, à deux Cordons entrelaffez, terminez de chaque cofté de cinq houppes.

Les Archevefques, d'un chapeau de Sinople, à deux Cordós de méme, entrelaffez, terminez de quatre houppes, & fous le chapeau une Croix treflée (ou fleurdelifée pour ceux de France) dont le Bafton eft caché fous l'Efcu.

Les Evefques de mefme, hors qu'ils mettent une Croffe au lieu de la Croix treflée, & ne terminent leurs Cordons que de trois houppes.

Les Abbez & Protonotaires, portent le Chapeau de Sable, dont les Cordons entrelaffez & pendans fe terminent en deux houppes.

Anciennement les Evefques & les Abbez, portoient la Mitre & la Croffe au lieu du Chapeau; avec cette difference, que l'Evefque portoit la Mitre & la Croffe tournées à droit, & l'Abbé tournées à gauche.

Les Prieurs, ont leurs Armes environnées d'un Chapelet de Sable, & derriere le Bafton Paftoral, fait en forme de bourdon.

Les Abbeffes, portent l'Efcu en lofange, environné d'un Chapellet de Sable, & derriere la Croffe tournée à gauche.

Les Chevaliers de Malthe, portent l'Efcu pofé fur la Croix de leur Ordre, dont les extremitez paroiffent entrelaffées d'un Chapelet, qui environne le tout.

Pour les Cafques, les Eftrangers en mettent iufqu'à trois fur un mefme Ecuffon, les François n'en mettent qu'un pour l'ordinaire.

Ceux des Roys font d'or, ou dorez, & entierement

F

ouverts de front; & ceux des autres d'argent rayez d'or, ou d'acier poly. Ils se mettent de deux façons, de front, qu'on appelle Casque tarez, ou de pourfil.

Ceux de onze grilles ou barreaux à claires veuës, appartiennent aux Princes issus de Souverains.

Ceux de neuf, appartiennent aux Ducs.

Ceux de sept, aux Marquis & Comtes.

Ceux de cinq, aux Barons & Chevaliers.

Et ceux de trois, aux Gentils-hommes nobles de trois races.

Ceux qui sont tournez de pourfil & fermez; c'est à dire la visiere, l'œilliere, le nasal, ou vantaille estant abatus, appartiennent aux Escuyers, premiers de leur race.

Les Bastars, le portent tourné à gauche.

Les Casques des Chevaliers sont encore parez de Chapeaux de triomphe, bourrelets, ou tortils, faits de soye, & de cheueux; figures expressives des faueurs des Dames, qu'aux iours de bataille portoient les Gentils-hommes.

Le Casque & le Bourrelet, sont surmontez du Cimier; qui n'est autre chose qu'une piece des Armes, ou quelque autre figure indifferemment, qui par fois est hereditaire. Cette coustume a esté introduite à la façon des Anciens, qui pour se rendre plus redoutables, mettoient sur leurs Heaumes, des animaux entiers, ou quelques unes de leurs parties seulement.

Pour l'ornement, le Heaume est accompagné de pannaches, pleumages, feüillars, acantes, ou lambrequins; qui doiuent estre peints, ainsi que les bourrelets, de tous les émaux differens de l'Escu.

Maintenant l'Escu ainſi orné, a de part & d'autre des Suports ou Tenans, qui plantez de bout, de leurs mains ou pieds, ſemblent appuyer l'Ecuſſon : les Anges, Cerfs, Leopars, Lycornes, Grifons, Sauvages, Liós, Aigles, Monſtres Marins au viſage humain, Centaures, Dragons, Sereines, & Levriers, des Apollons, des Hercules, des Mores, Cignes, & autres figures, y ſont employez communément.

Toutes ces choſes, lors qu'elles appartiennent à des Rois, ſont couvertes du Pavillon, qui repreſente le Manteau Royal ; marque de Souveraineté.

Les Ducs, Archi-Ducs, & autres de grade pareille, ne couurent leurs Armes que du Chapeau retrouſſé, ſans courtines, ou de courtines ſans Chapeau, qui tiennent lieu du Manteau Ducal.

Maintenant pour ce qui eſt des Dames d'illuſtre rang, leurs Armes ne ſont ornées & environnées que de Cordelieres, noüées en quatre endroits, & enlaſſées de quatre lacs d'amour, mais quelques uns ne les donnent qu'aux veufves ; d'autant qu'Anne de Bretagne, veufve de Charles huitieſme, s'en ſervit alors la premiere, & d'autres les employent indifferemment ; y adjouſtant toutefois, lors que les Dames ont leurs Maris, deux branches de Laurier, ou de Palme, qu'ils appellent rinſſeaux.

Pour la Deviſe, ditte autrement Ampreſe, ou Impreſe, il en eſt de deux ſortes, l'une parfaite, & l'autre imparfaite. La parfaite eſt compoſée d'une ame & d'un corps ; c'eſt à dire qu'elle conſiſte en certaines figures de couleur ou de metal à difcretion, accompagnées de paroles convenables pour elles, courtes & expreſſiues de la paſſion dominante de celui qui les porte. La figure eſt le corps, & les paroles ſốt l'ame. L'imparfaite ſignifie auſſi la paſſion du Heros, mais ſeulement par les figures ou par les paroles feparément. Pour la cõpoſition de la parfaite, dont l'uſage doit eſtre plus frequent, il faut obſeruer principalement, qu'il y ait proportion entre l'ame & le corps ; qu'elle ne ſoit ny trop obſcure ny trop intelligible, & que les figures humaines n'y ſoient point employées : parce que l'homme eſtant pouveû d'une ame, & les paroles en eſtant encore une autre, la Deviſe auroit deux ames pour un corps. Par la raiſon contraire, jamais en une meſme Deviſe, on ne doit mettre deux figures deſtachées ; car autrement ce feroit deux corps pour une ame. D'ordinaire elle ſe met ſeparément des Armoiries, ou ſi l'on veut l'y ioindre, on la met ſur un rouleau qui ſort du Cimier, qui peut ſervir de corps.

Les Armes parlantes dont pluſieurs ſe ſervent, peuvent preſque paſſer pour une eſpece de Deviſe ; c'eſt pourquoi nous en parlerons icy. On appelle Armes parlantes, celles qui par les figures qui ſont en aſſiete ſur le Champ, expriment le nom de celuy qui les porte ; comme la Grenade, le Galice & le Lyon ; qui ſont les Armes des Royaumes de Grenade, Galice & Leon. On demande ſi ce ſont de legitimes Armoiries. Quelques-uns les aprouuent, & pour raiſon alleguent que les Armes n'eſtant faites que pour dénoter celuy qui les porte, les parlantes ſont encore plus eſtimables que les autres, puis qu'elles arriuent pluftoft à leur effet, eftant comme vne voix vivante qui fait connoiftre mefme le nom. Les autres les rejettent comme peu honorables, n'eftant tirées que du nom, & non pas données pour quelques exploits fignalez, de mefme que les plus illuftres; & tiennent mefme que c'eft une confeffion tacite, de n'auoir rien de plus notable que fon nom, puis qu'on en fait parade en fa plus belle marque. D'aillieurs, ils eftiment que ces fortes d'allufions tiennent beaucoup de l'enfant, & que cette precipitation de faire parler fes Armes, pour fe rendre pluftoft connu, tefmoigne une precedente obfcurité, & comme une affeurance que la renommée doive eftre muette de nous.

Le Cry de guerre femblablement, à quelque raport auec la Devife, en ce qu'il fe met auffi fur le Timbre, & parfois eft compofé des paroles mefme de la Devife. Il fe fait regulierement de deux ou trois mots au plus, dont fe feruent les Roys, Princes & Chevaliers notables, pour fe faire reconnoiftre aux leurs dans les combats, & les appeller ou à la deffence de leurs vies, ou à la pourfuite de la victoire.

Quant aux Colliers d'Ordre, on n'en peut rien dire qui ne foit connu; veû que les Ordres de la Genette, de l'Eftoile, de S. Michel, du faint Efprit, de la Toifon, de la Jarretiere, & de S. Lazare de Jerufalem font affez connus. Leur ufage en Blafon, veut qu'ils environnent l'Efcu immediatement; & s'ils font redoublez, que les plus anciens foient les plus proches de l'Efcuffon.

F iij

Pour les marques de hautes dignitez, il suffira de rapporter ce que l'ufage en a introduit en France.

Le Conneftable porte deux mains dextres ou dextrocheres armées, fortant d'un nuage, & tenant chacune une Efpée nuë, la pointe en haut, aux deux coftez de l'Efcu de leurs Armes.

L'Admiral, deux Ancres aux derriere de fon Efcu, paffez en fautoir.

Le General des Galleres, une.

Le Chancelier, un Mortier de toile d'or, rebraffé d'Hermines, d'où fort une figure couronnée, reveftuë du Manteau Royal, tenant à droit un Sceptre, & à gauche les grands Sceaux, & derriere l'Efcuffon deux Maffes de vermeil doré, paffées en fautoir.

Les Marefchaux de France, deux Baftons d'azur, femez de fleurs-de-Lys d'or, paffez en fautoir derriere l'Ecuffon; & deffus une Couronne Ducale, que quelques-uns leur veulent donner, ne fuffent-ils pourueus d'aucune Duché. Anciennement ils coftoyoient leurs Armoïries de deux Haches d'armes, le taillant en dehors.

Le Colonel General de l'Infanterie, quatre Drapeaux à cofté du Cimier; deux de chaque part, l'un blanc, & l'autre bleu.

Le Colonel General de la Cavallerie Françoife, quatre Cornettes de France, deux de chaque cofté du Cimier.

Le Grand Maiftre de l'Artillerie, deux Canons fur leurs affuts, au deffous de fes Armes, ou derriere, paſſez en ſautoir.

Le grand Eſcuyer, deux Eſpées Royales, paſſées en ſautoir.

Le grand Maiſtre d'Hoſtel de France, porte deux Baſtons de vermeil doré, dont les bouts d'enhaut ſe terminent en Couronnes fleurdeliſées & fermées, paſſées en ſautoir derriere ſes Armes.

Le grand Chambellan, deux Clefs d'or, terminées par enhaut de deux Couronnes Royales, paſſées en ſautoir derriere l'Eſcu.

Le grand Pannetier, à coſté la nef d'or & le Cadenat, qu'on met devant le Roy.

Le grand Aumonier, au deſſous, un Livre fermé de Gueules, couvert des Armes du Roy.

Le grand Veneur, au deſſous, deux grands Cors de chaſſe, pendans par les attaches.

Le grand Fauconnier, de la meſme ſorte, deux Leurres.

Le grand Louvetier, de meſme, deux Teſtes de Loup.

Le grand Bouteiller, deux Bouteilles de vermeil doré au deſſous, ornées des Armes Royales, le Bouchon terminé en fleur de-Lys.

Le premier Tranchant, au deſſous, porte un Couteau & une Fourchette en ſautoir, emmanchez, couronnez de France.

Le grand Prevoſt, deux Faiſſeaux, de Verges d'or, liez de Gueules, auec la Hache d'Armes, dont le manche eſt au milieu de chaque Faiſſeau, paſſez en ſautoir au deſſous de l'Eſcu.

Le grand Marefchal des logis, un Marteau, & une Maffe d'Armes au deffous en fautoir.

Le Surintendant, deux Clefs à cofté, l'une d'or, & l'autre d'argent.

Les Prefidens, fe reconnoiffent au Mortier pofé fur leur Timbre.

Pour la Litre, c'eft une Ceinture d'eftoffe, ou de Peinture, releuée de Maffonnerie, ou de Charpenterie, tenduë autour des Eglifes dedans & dehors, pour y mettre à diuerfes diftances les Armes du Seigneur temporel du lieu, qui feul a droit de Litre : & s'il permet à fes Vaffaux d'en ufer, la fienne doit eftre toûjours au deffus. Elle fe fait de l'Efmail du Champ, fi ce n'eft en deüil, qu'elle eft noire.

A ces Preceptes, adiouftons les Figures des pieces du blafon, les moins aifées à concevoir, pour appeller les yeux au fecours de l'Efprit ; & faire voir tout ce qu'on ne peut faire entendre.

FIGURES

l'Escu ordinaire de pourpre

l'Escu Carré d'azur

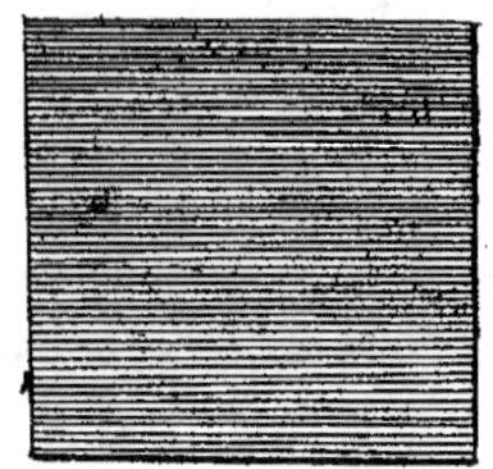

Escu en triangle de gueules

Escu Eschancré ou a l'Antique de sinople

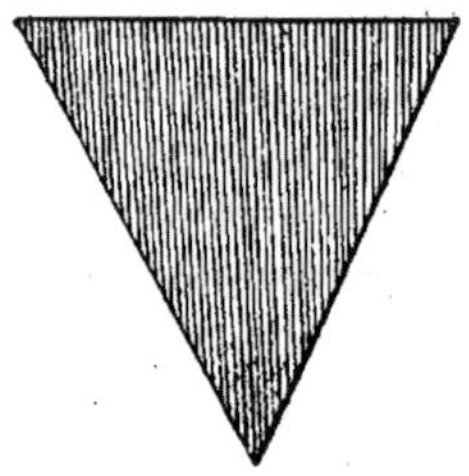

Escu des filles d'argent

Escu en Ouale a l'italienne d'azur

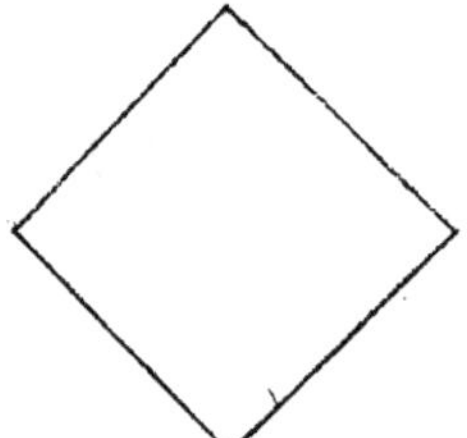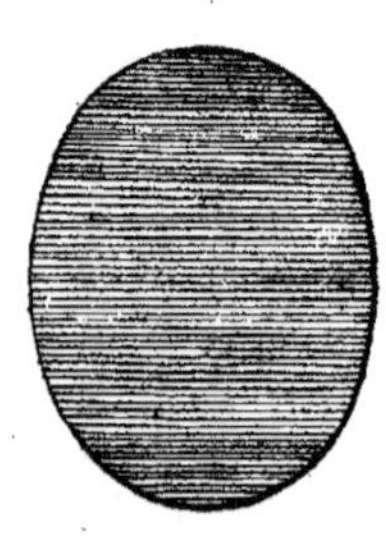

G

autre sorte d'Escu
d'or

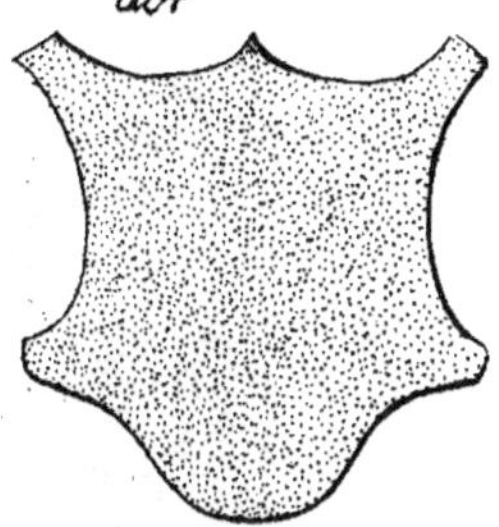

Encore d'autre sorte d'escu
de gueules

d'argent a l'Escu en abisme
d'azur

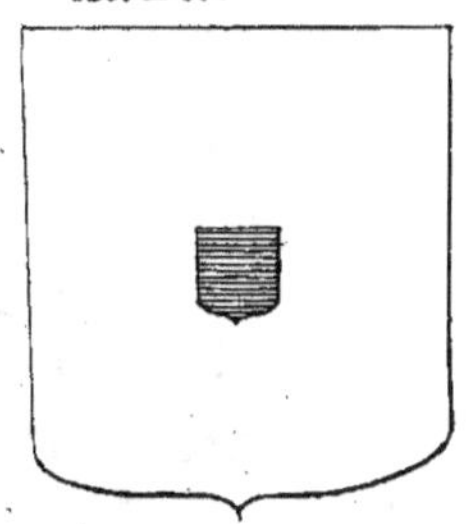

d'argent au franc quartier
de gueules

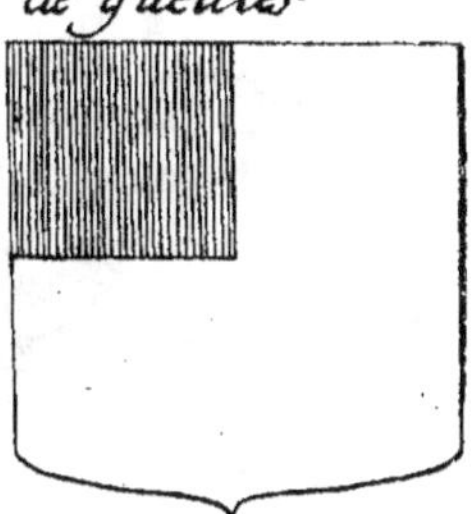

d'argent au franc canton
de Sable

party d'azur et de sinople

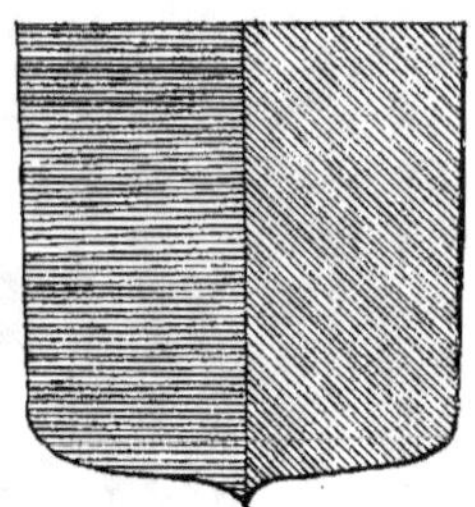

Coupé de gueules sur or

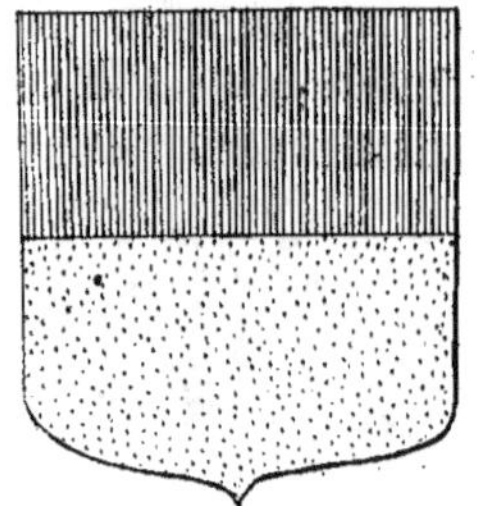

Escartelé d'or et d'azur

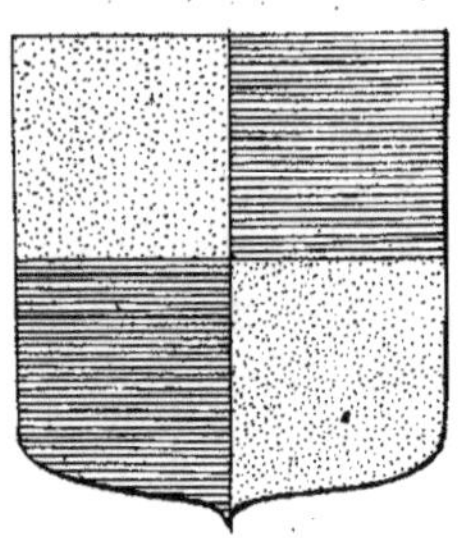

Tranché de Sable Sur argent
ou d'argent Tranché de Sable

Taillé d'argent Sur azur

party coupé tranché
taillé de pourpre et d'argent

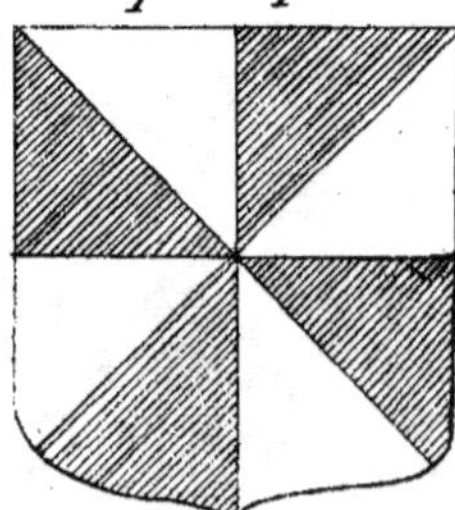

Tranché party en cœur et
retranché d'argent et de sino
ple

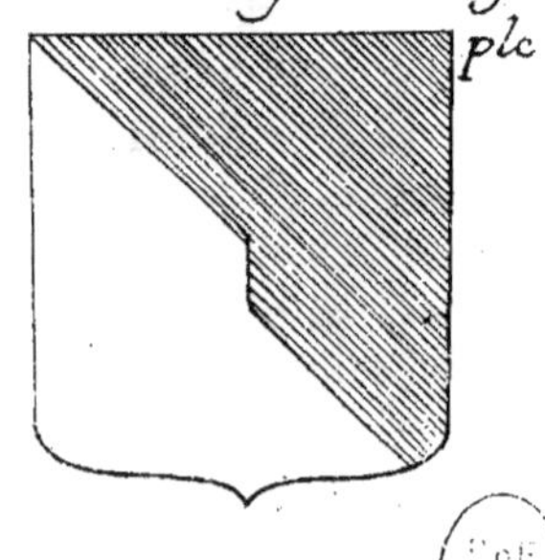

dazur tranche dargent
arondy en cœur et retranché
dun mesme traict

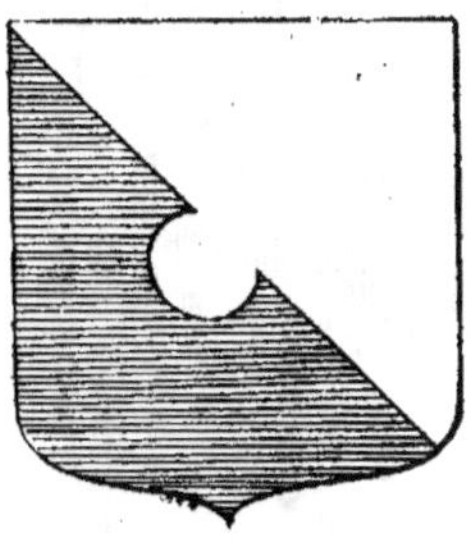

Tierce en fasce de gueules
Sur argent soutenu dazur

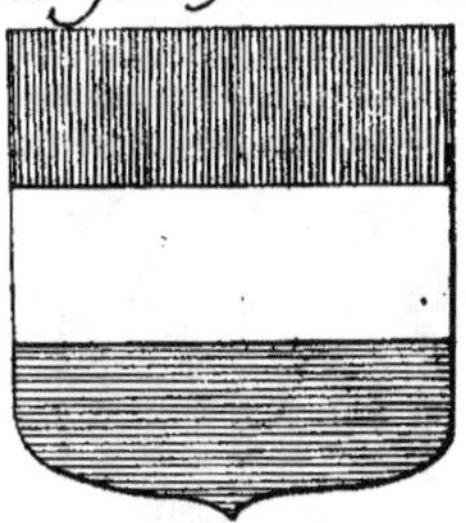

Tierce en pal dargent
dazur et dor

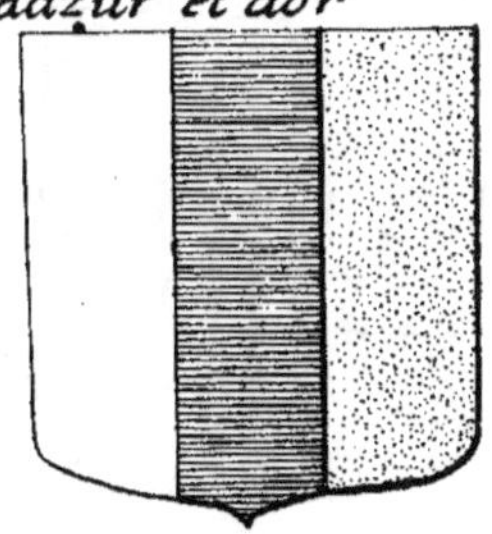

party en chef de pourpre
et gueules soutenu dargent

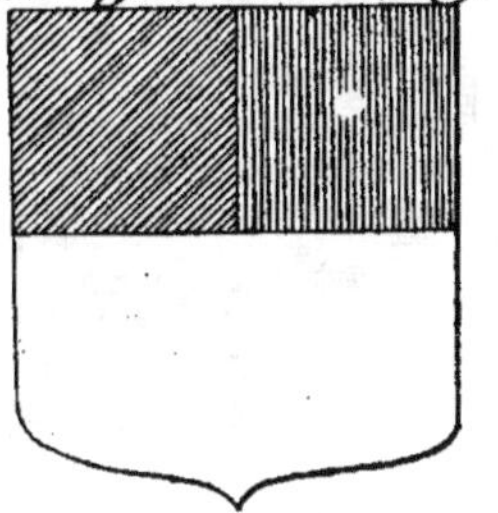

dargent flanqué
dazur

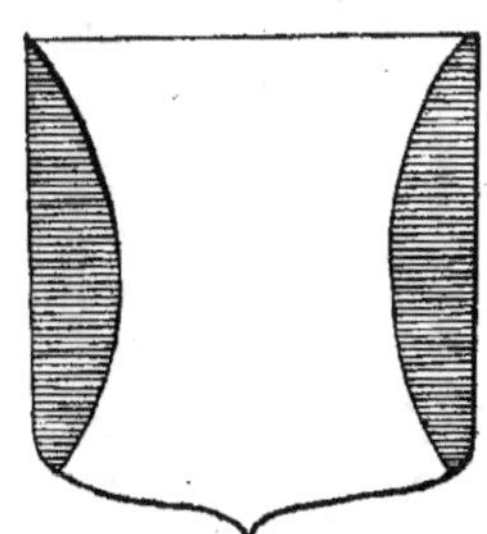

dor chappé de
sable

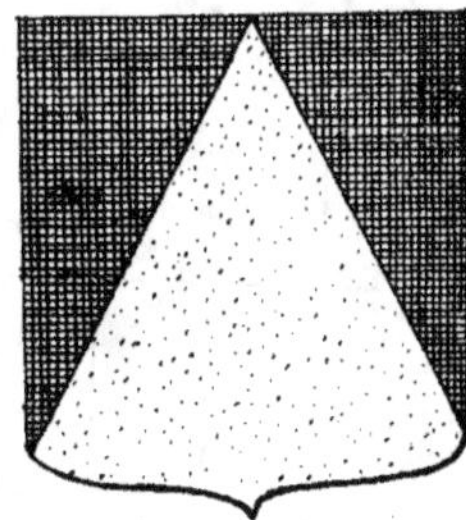

Dargent contre chappé
de sable

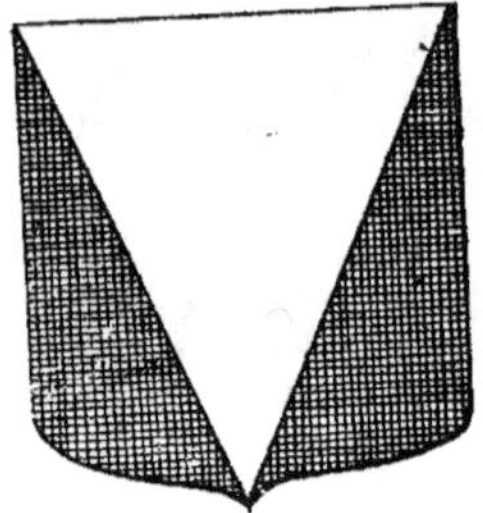

De gueules vestu
dargent ou chappé-
chaussé

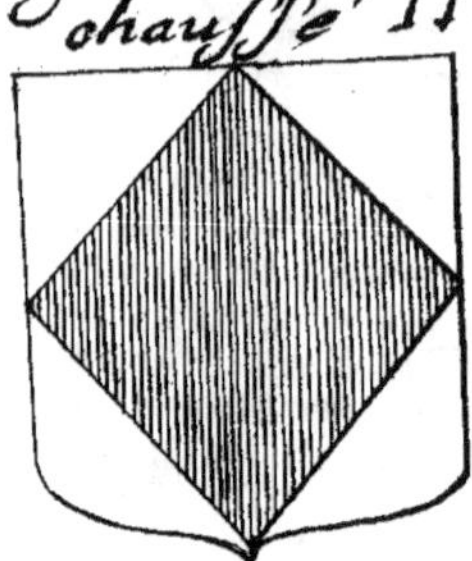

Escartelé d'azur
et dargent

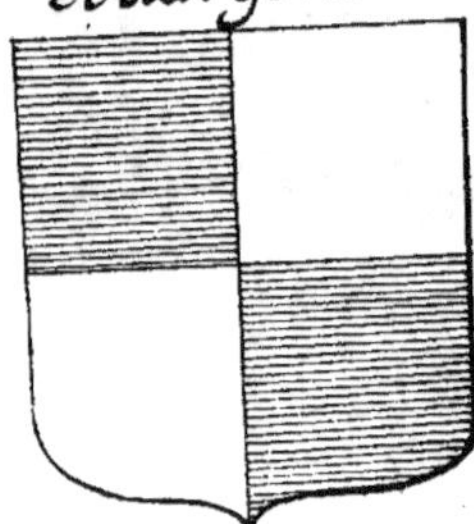

Escartelé de six

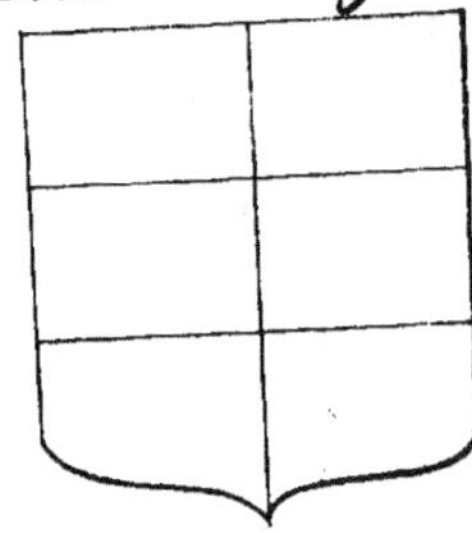

Escartelé de
huict

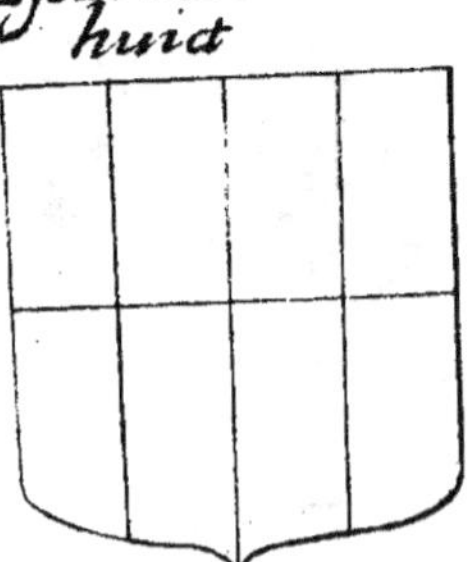

De dix

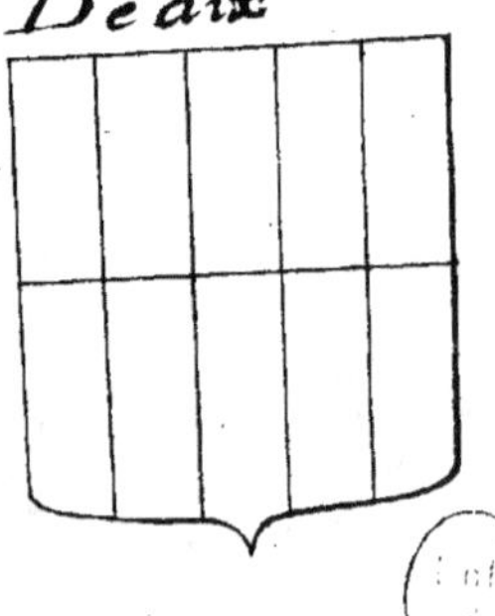

de douze

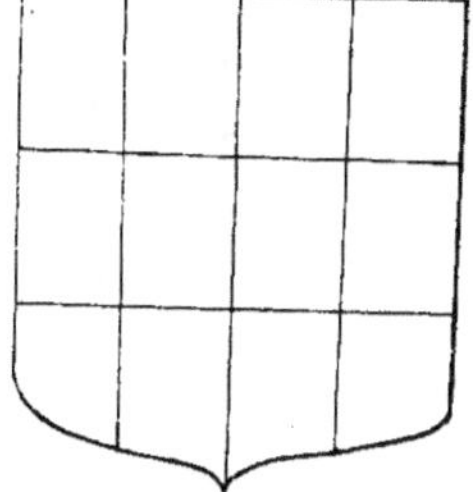

de Seize

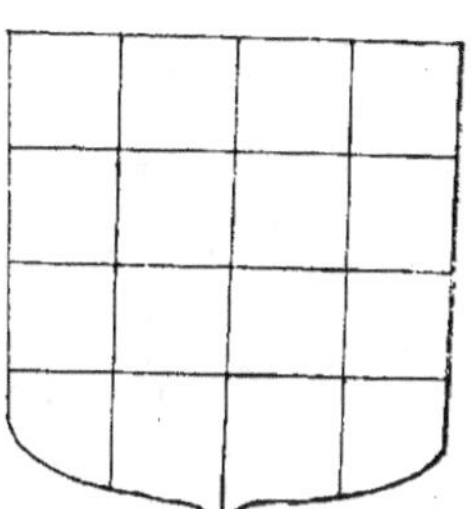

de Vingt

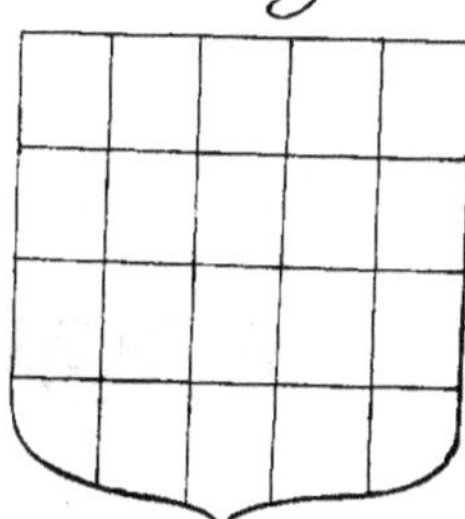

Escartelé de 32

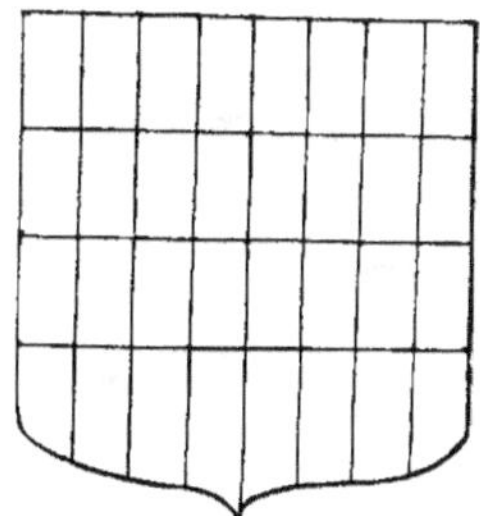

Escartelé au premier et 4.me contrescartelé au 2.e et 3.e

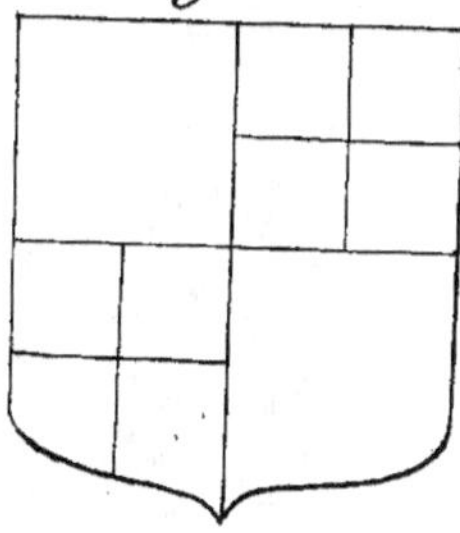

Escartelé de cinq

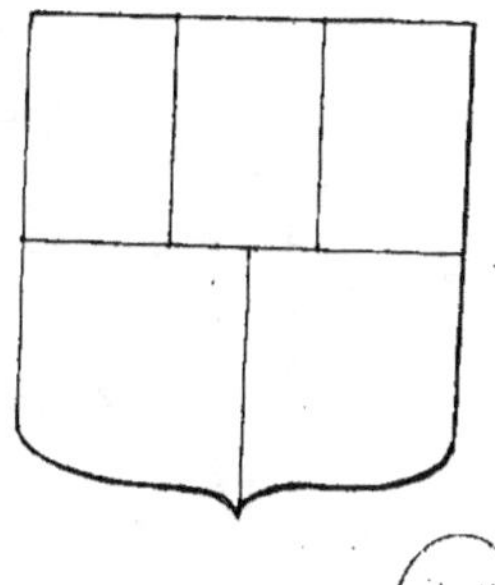

Escartelé de sept

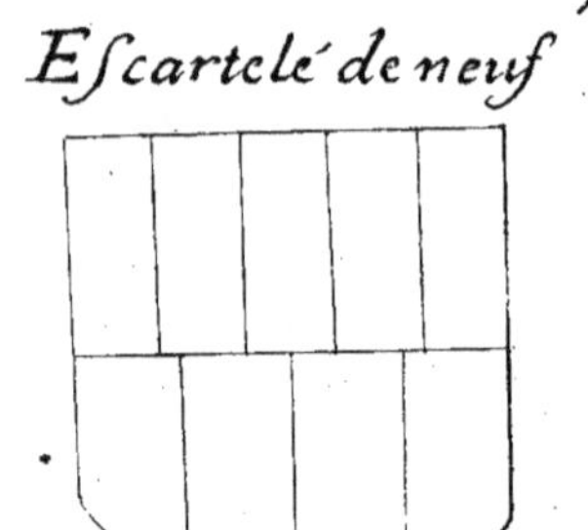

Escartelé de neuf

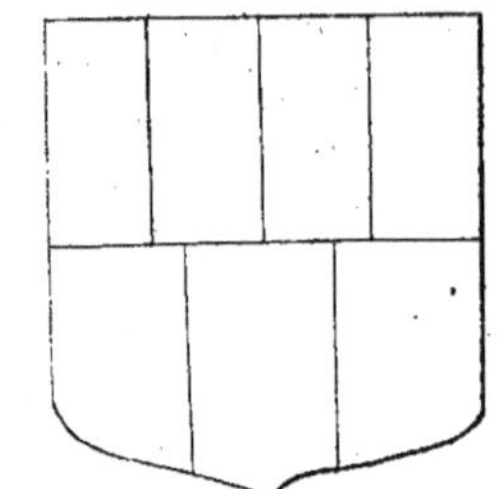

Escartelé en sautoir

darg campagne de sable

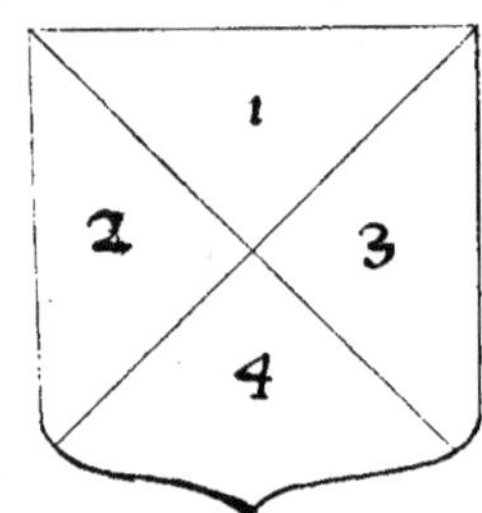

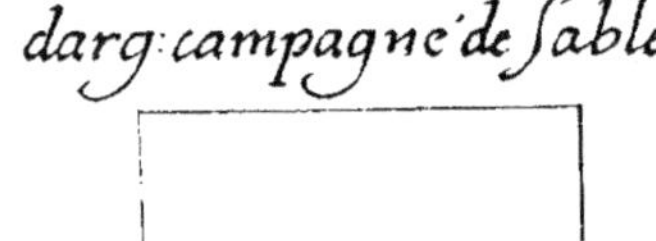

FIGVRES DE LA SECÕDE PARTIE

Azur

Gueules

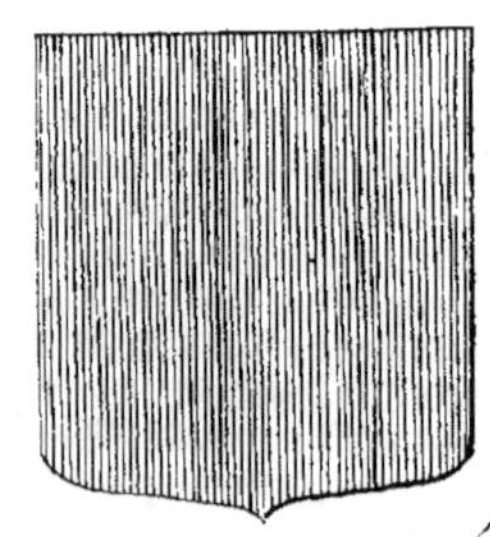

Sable

Sinople

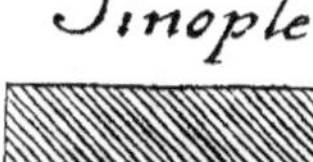
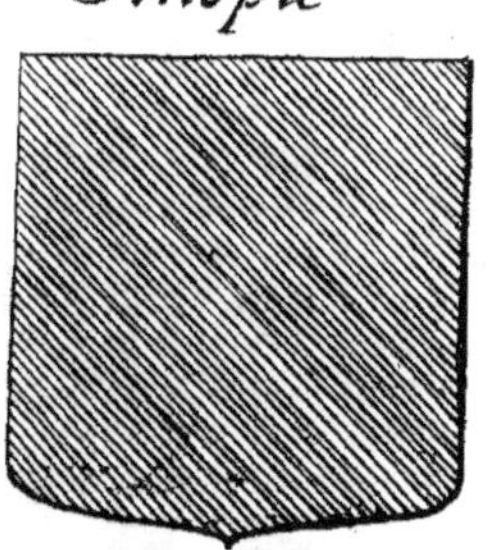

pourpre

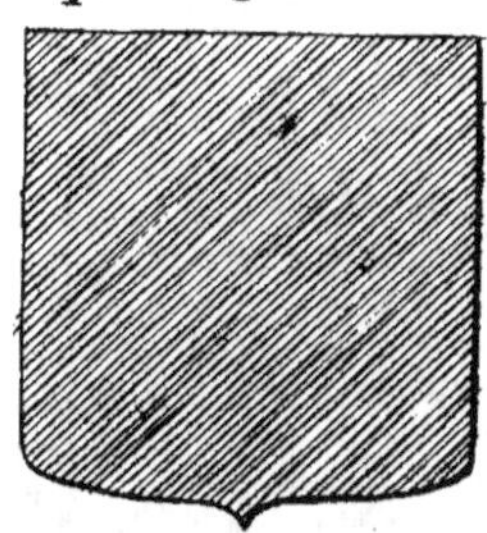

Or

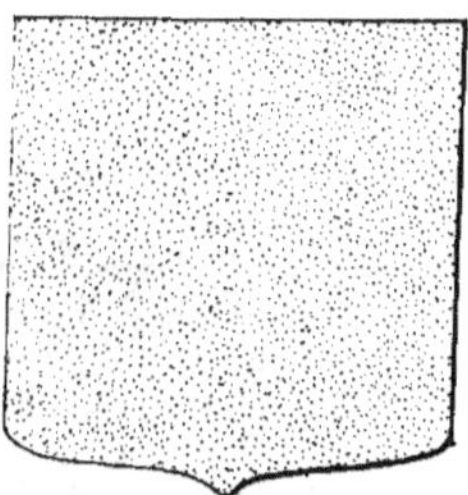

Argent

Vairé

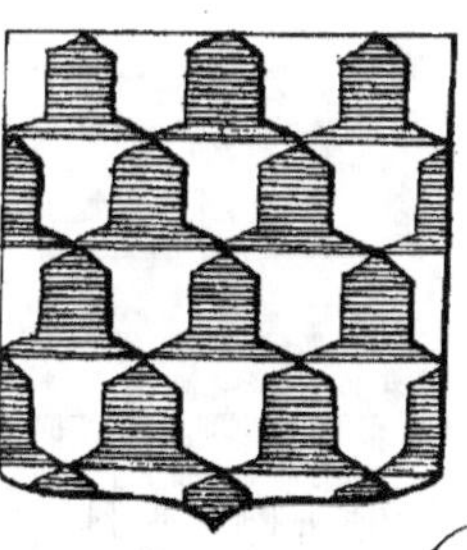

Contreuairé

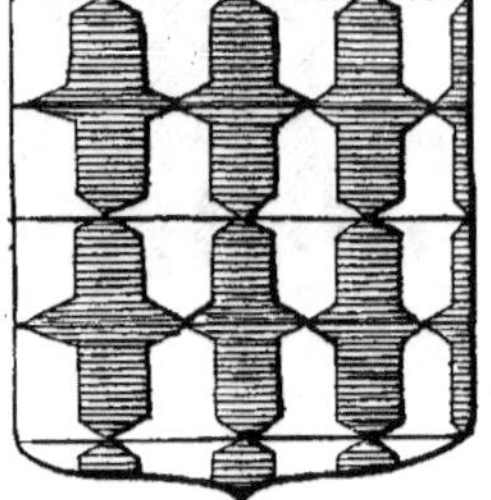

Hermines

Contre hermines

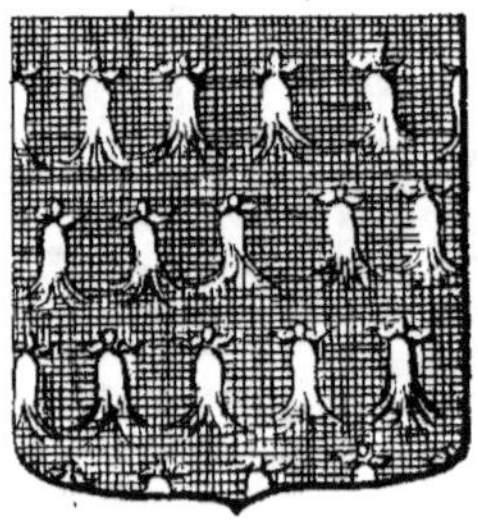

De gueules au chef d'argent

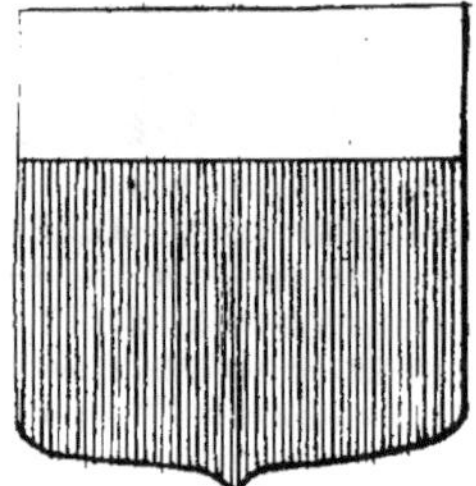

D'argent a la fasce
de gueules

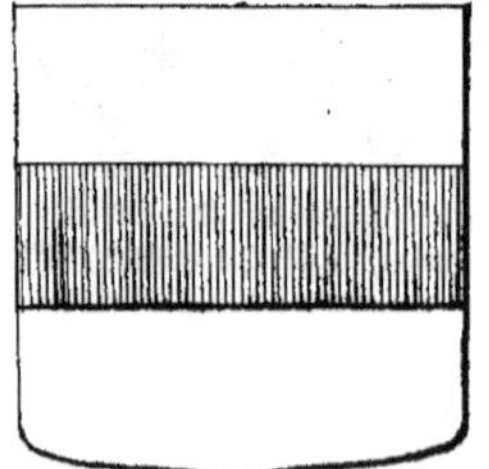

D'argent au pal d'azur

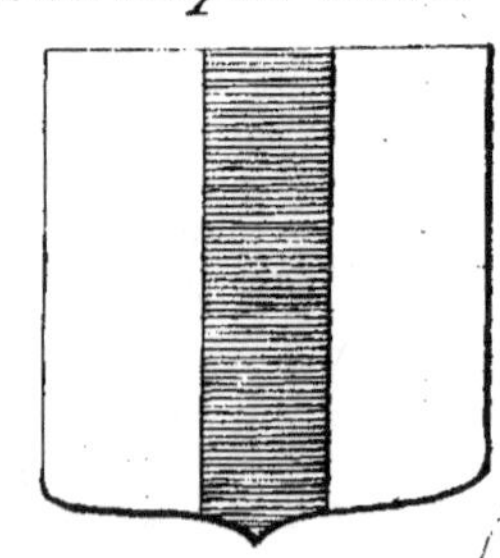

H

Dargent a la bande
dazur

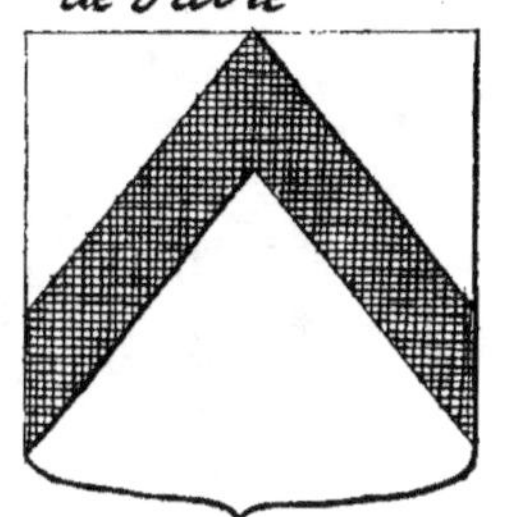

Dargent au cheuron
de Sable

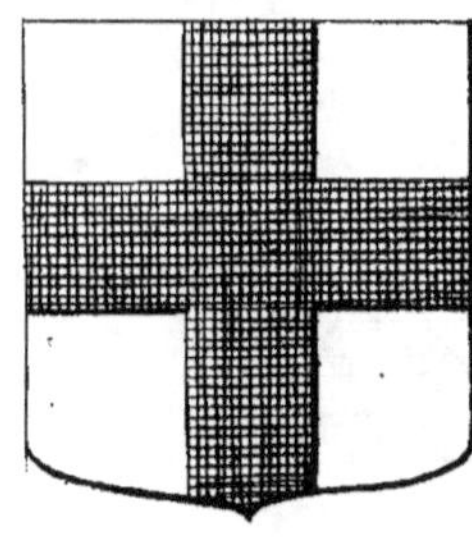

dor a la croix de
Sable

dargent au Sautoir
dazur

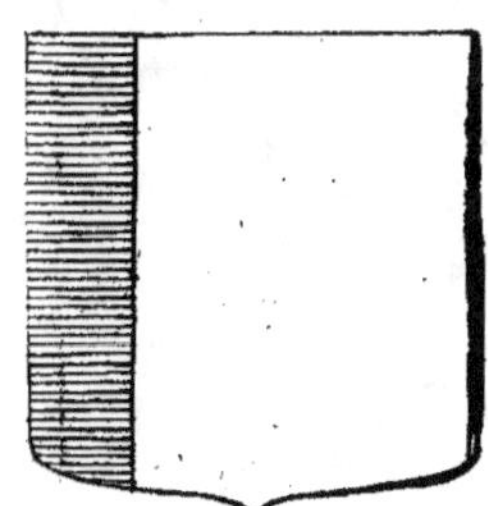

dargent adextre
dazur

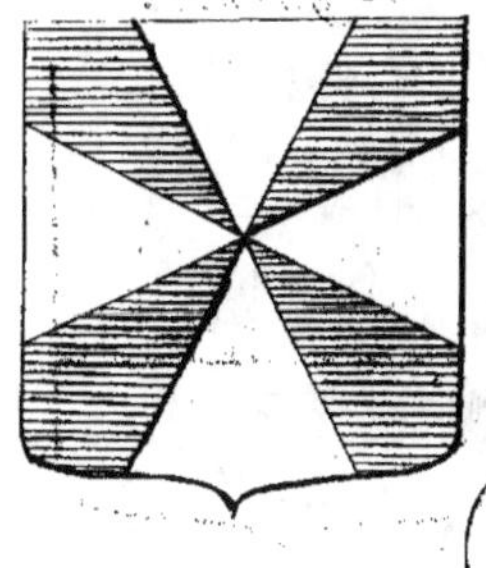

Gironne de 8 pieces
dazur et dargent

d'argent Senextré
dazur

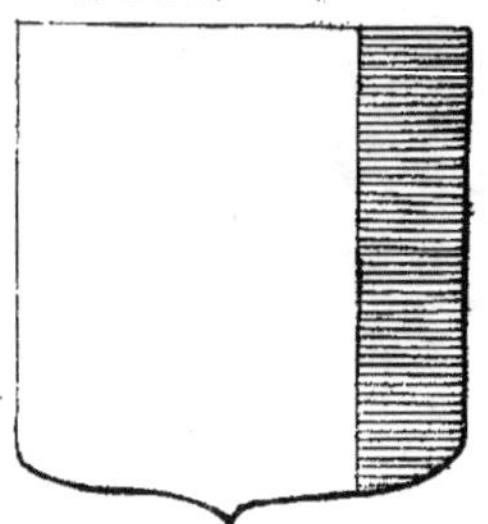

dargent enmenché
de Sable

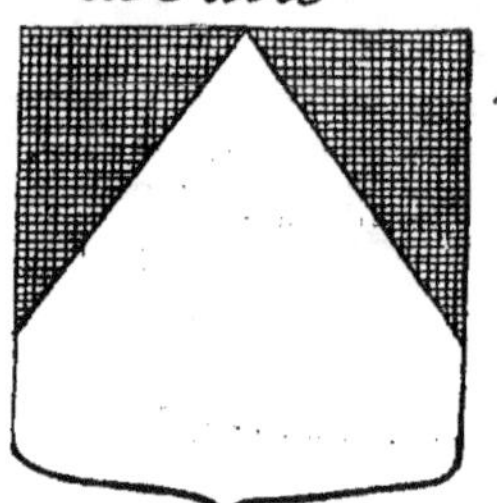

dargent chaussé
de Sable

dazur Sappé dargent

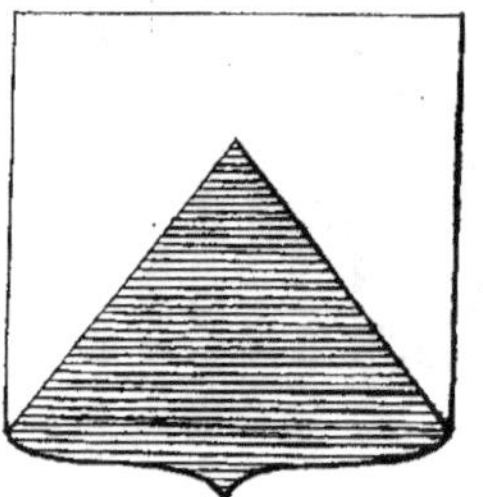

fasce denché de gueules
et dargent de 8 pieces

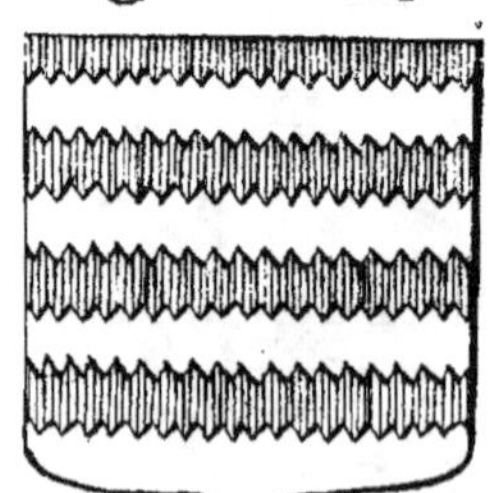

Depourpre a la fasce dor masso-
mmée de Sable bretessée de 3 pieces
et 2 demies

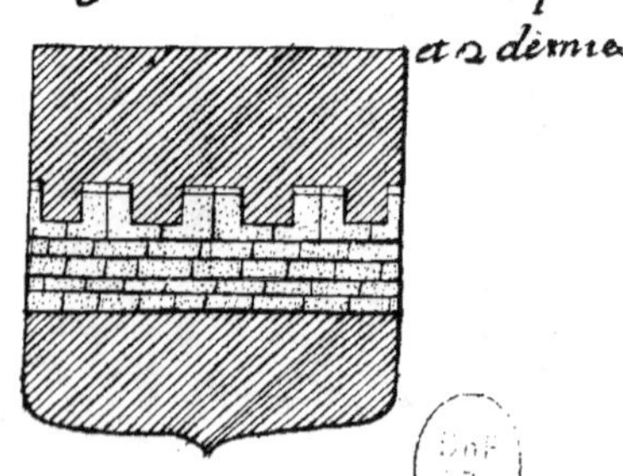

D'argent a la fasce de
gueules eschancrée

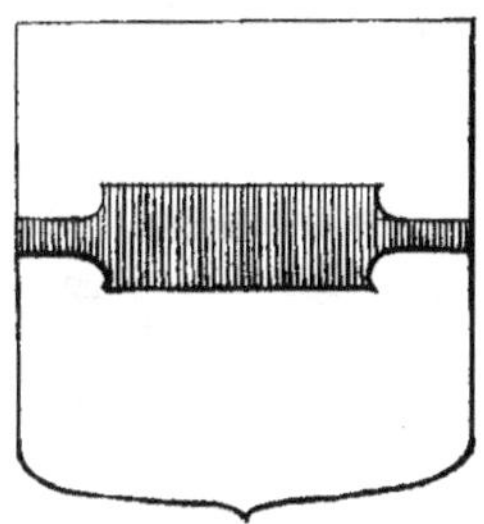

D'azur a la fasce vivrée
d'argent

D'argent a la face ondee
de gueules

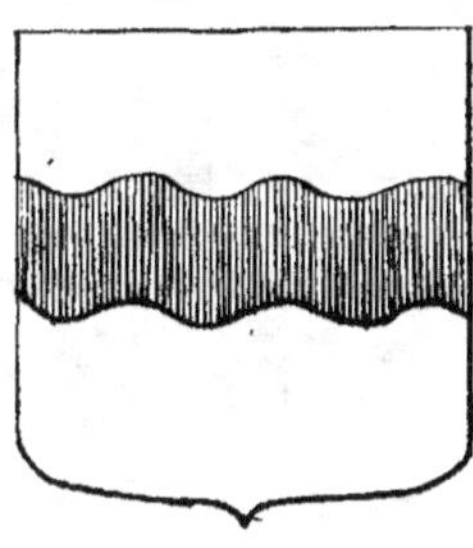

D'argent a la fasce antee
de gueules

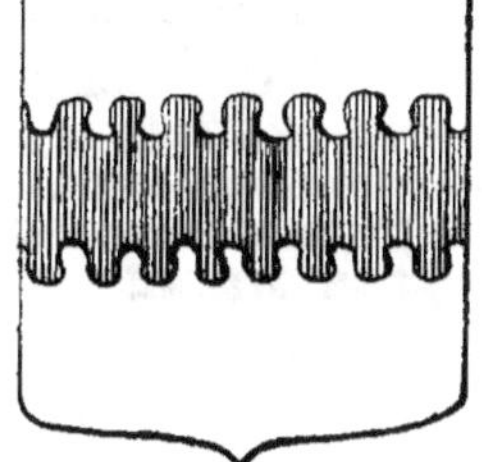

D'or a la face engreslee
de gueules

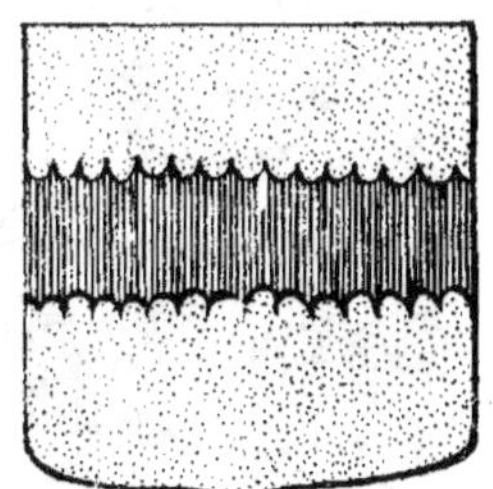

De gueules a la face
nouee d'argent

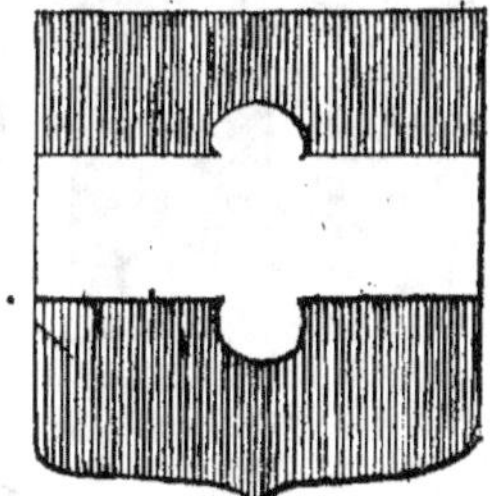

D'argent a la fasce en
devise d'azur

D'argent a la jumelle
de gueules

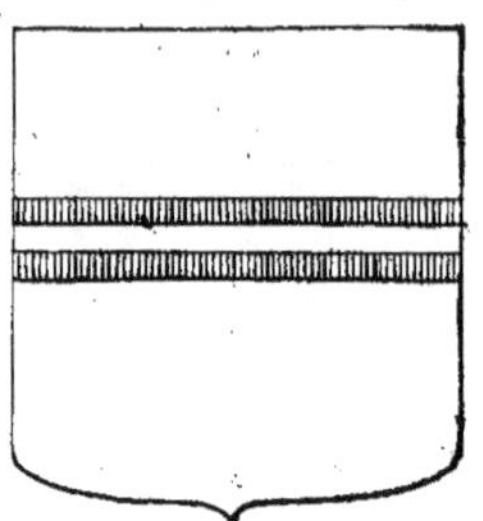

D'argent a la tierce ou
amade de pourpre

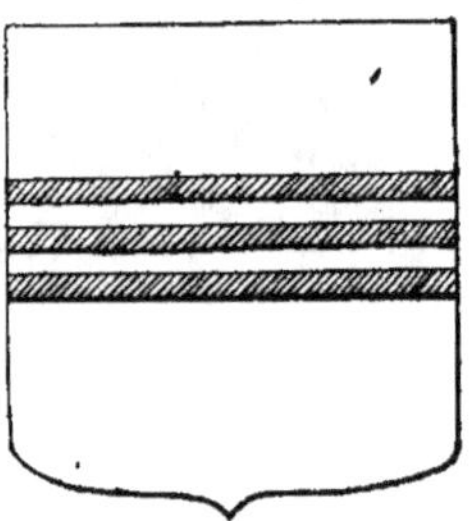

Pale contrepalé d'argent
et d'azur qui s'entend
de 6 pieces

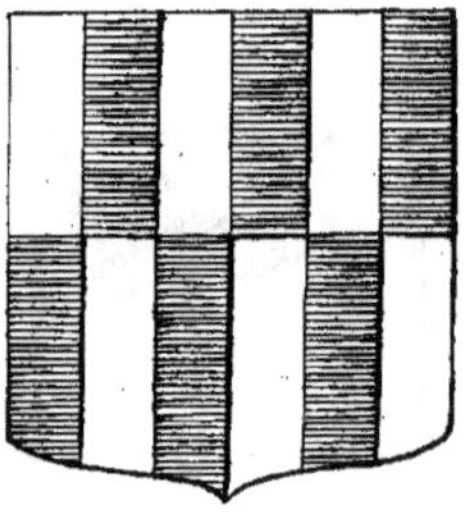

D'argent a 3 pals re-
traicts de sinople

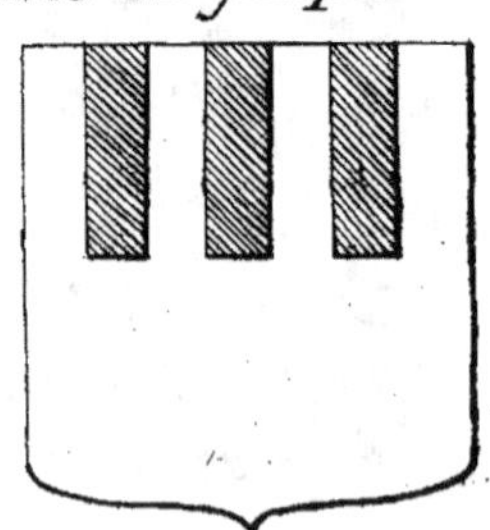

De sable a 3 pals can-
tonnez et apointez en
cœur d'argent

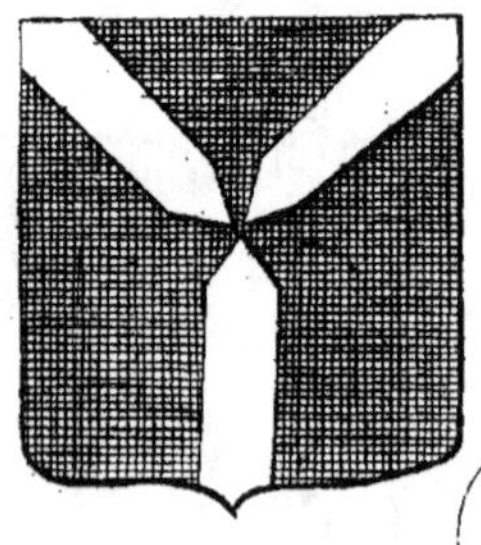

D'argent au cheuron
coupé d'azur

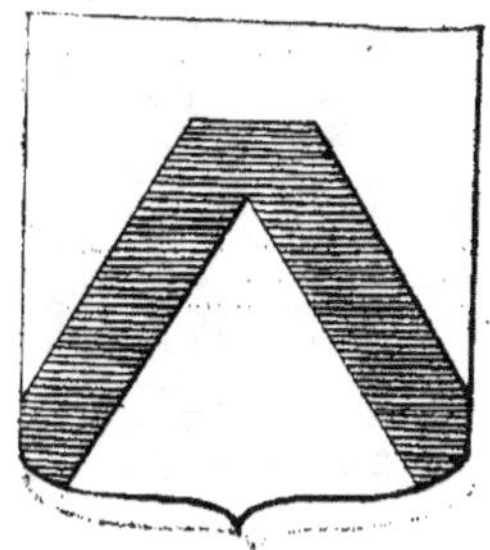

De gueules au cheuron
d'argent renuersé

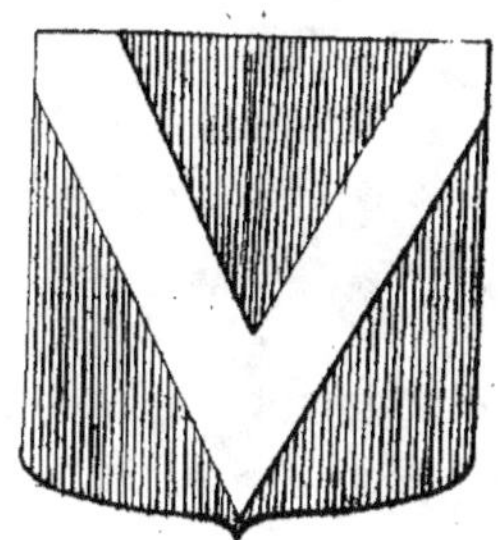

D'argent au cheuron
d'azur tourne

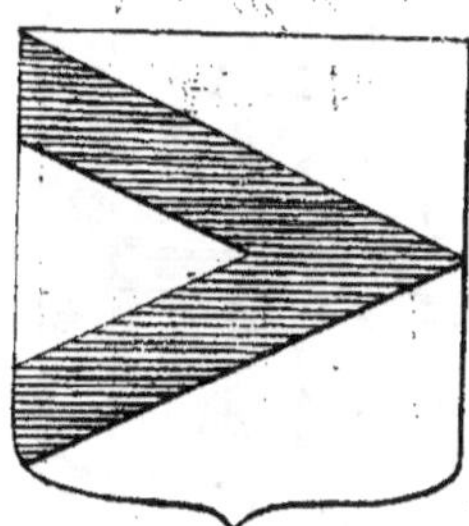

D'or au cheuron brise
d'azur

D'azur au cheuron hery
se playe en arche en bas d'or

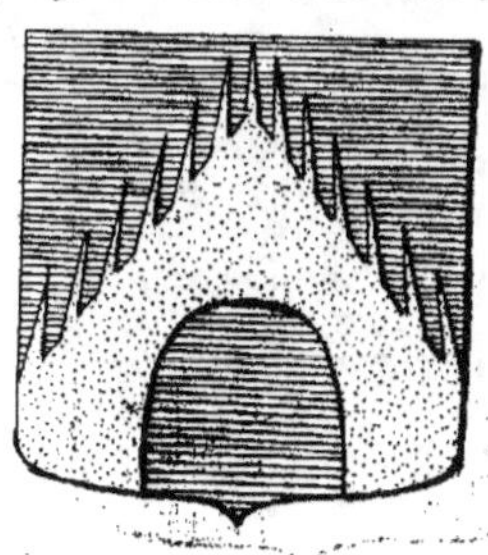

D'argent a la croix nis
lée alaisée de sable

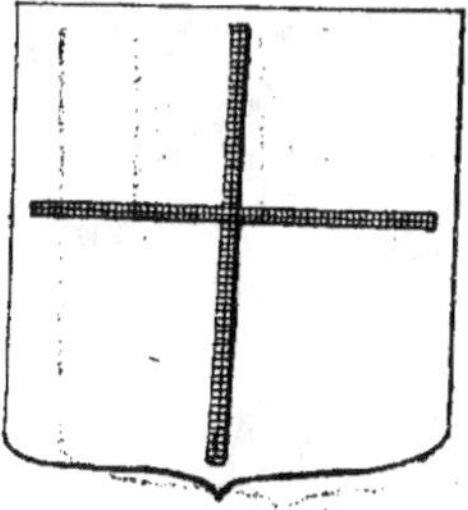

De pourpre a la croix an
cree et sur ancree de sable

D'azur a la croix d'argent
chaque bout pomette de
trois pieces

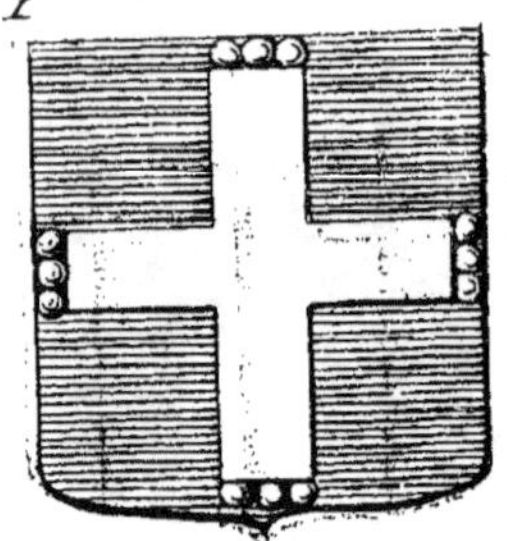

De gueules a la croix d'or
vuidec clechee pomettee
qui est celle de Thoulouse

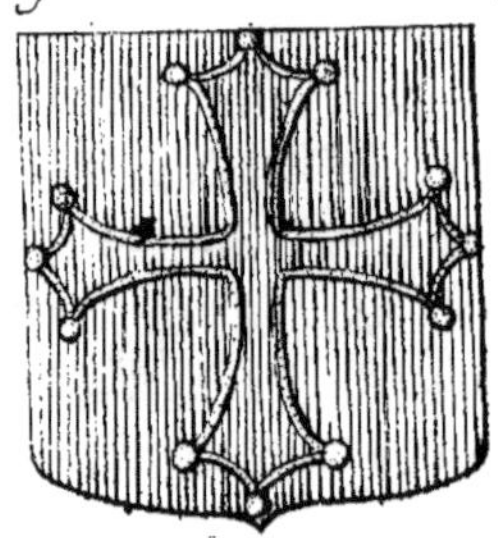

Dargent a la croix recroi
settee d'azur

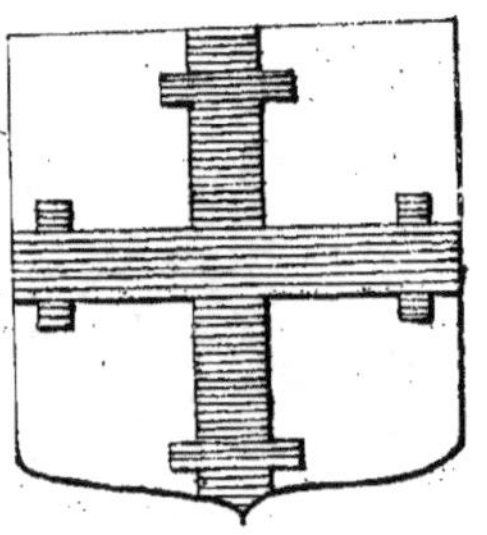

Dargent a la croix gringol
lee ancree de gueules

De pourpre a la croix hautte
de sable au pied fiche d'argent

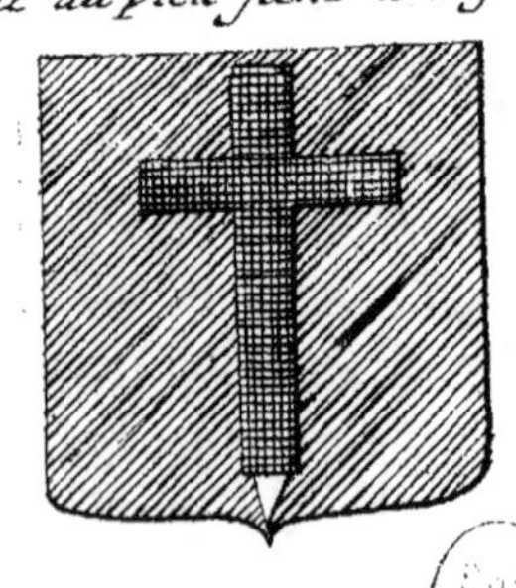

D'argent aux croix du
Caluaire d'azur.

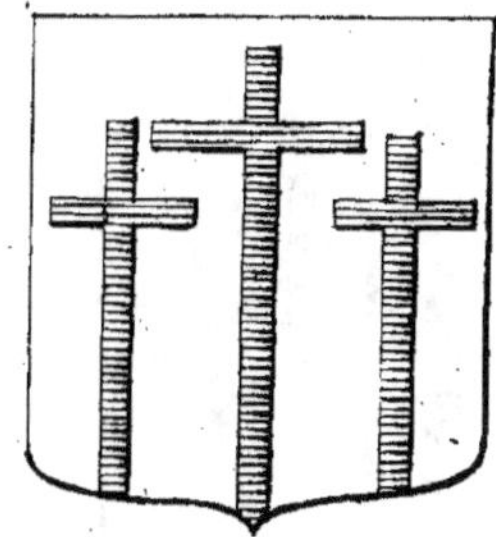

De sinople a la croix
patée d'argent.

De gueules a la croix
potencée d'or.

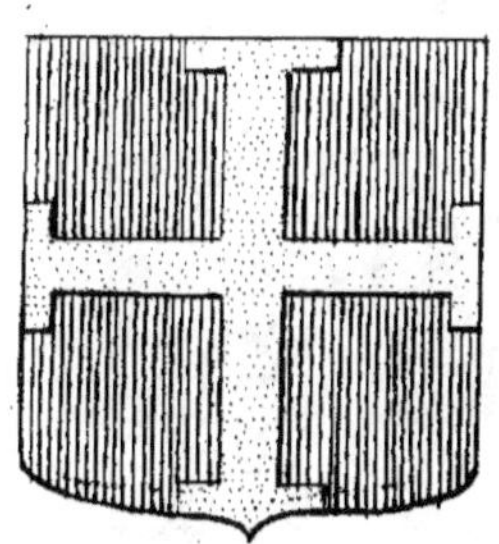

D'azur a la croix d'ar
gent ressercellée par les 2
bouts de la branche perie en
pal.et apisantie par les 2
bouts de lautre.

D'argent a la croix
de Lorraine de gueules.

D'azur a la croix de
Malthe d'argent.

De gueules a la croix
du St Esprit d'or

D'argent a la croix
rayonnante de gueule

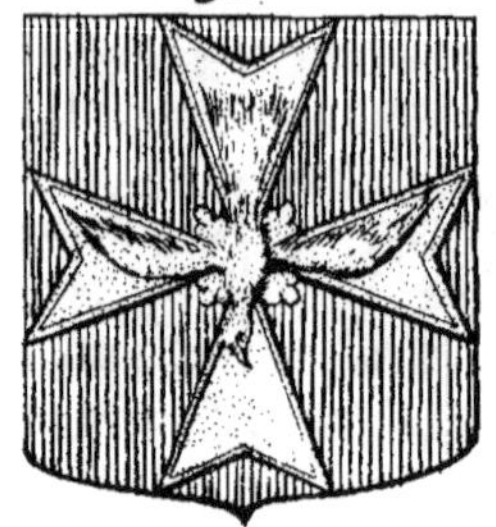

D'argent a la croix
Estoilée d'azur

De sinople a la croix d'argent per
ronnée de quatre marches en
chef cordée a dextre en fasce de gueu
les cablée a senestre barbée en pointe

D'argent a la croix d'a
zur r'emplie en pal d'or
vuidée en fasce

De pourpre a la croix de
St Anthoine d'argent

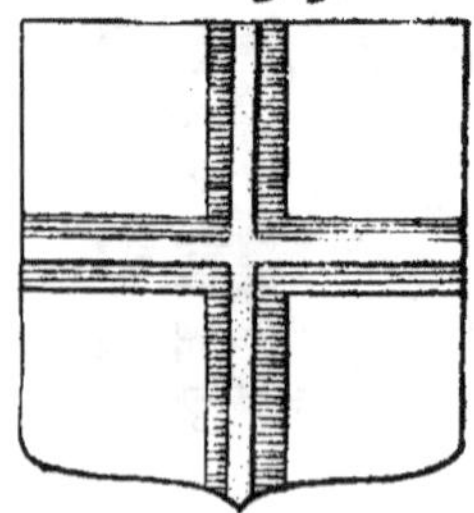

I

D'argent a la croix ou es
pee de S.t Iaques d'azur

De sable a la croix d'ar
gent cramponnee tournee

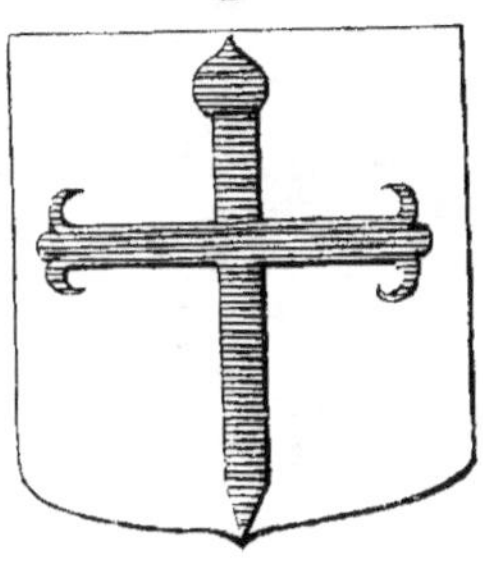

D'azur a la croix cocque
relle d'argent

D'argent a la croix de
gueules arrondie en pal
enhendee en fasce

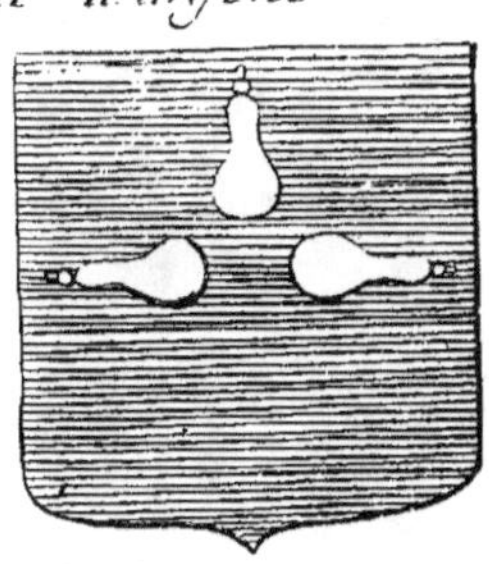

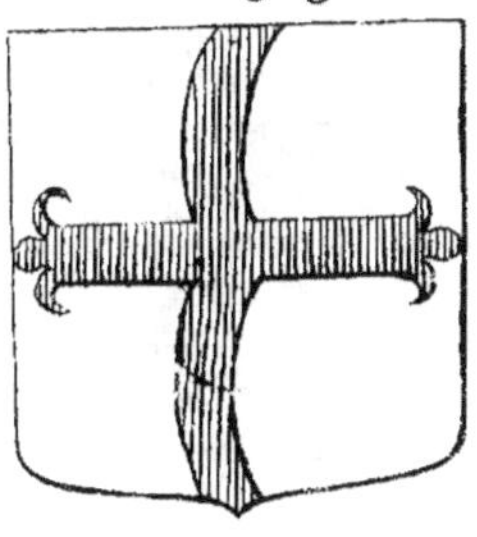

D'argent a la croix d'a
zur ouuerte en pal

D'argent a la croix de gueu
les tronconnee en pal de
cinq pieces et terminee en
fasce enfer de fourchette a mousquet

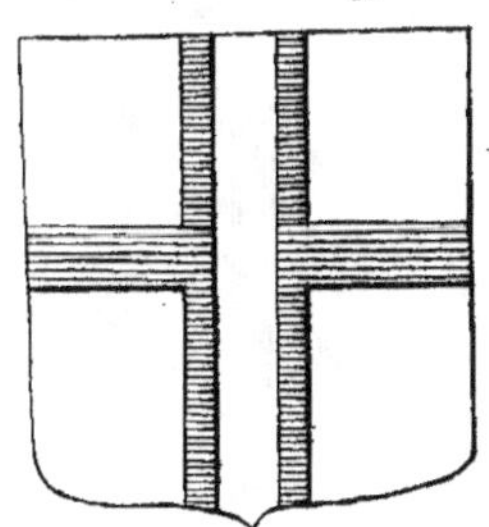

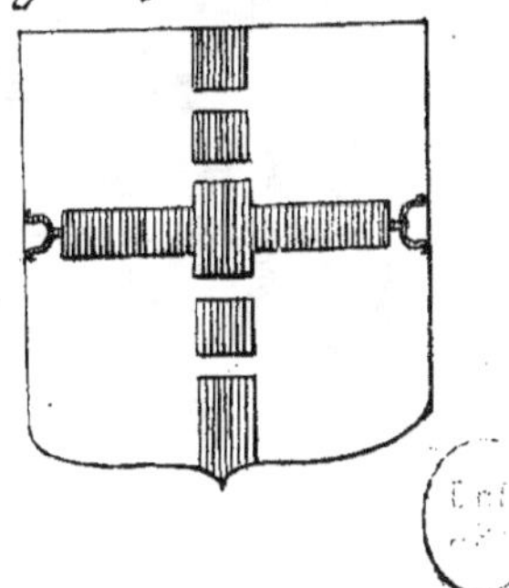

D'azur a la croix escar
telee d'argent et d'or

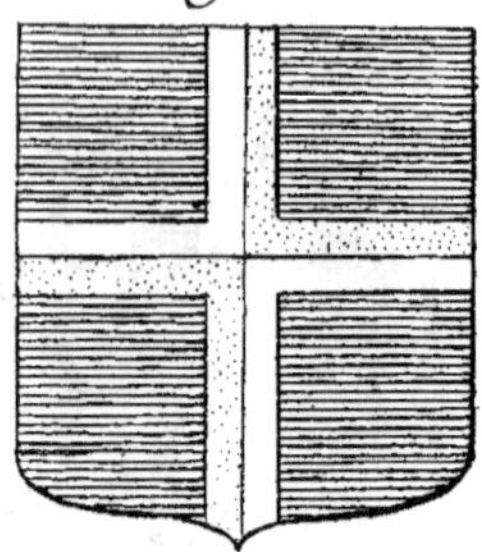

D'or a la croix de cinq pieces
de pourpre sur sinople de sable
contre azur le tout confronté
au cœur d'argent

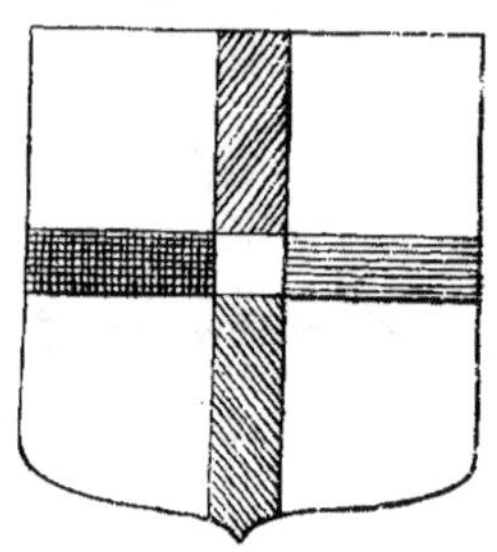

Fascé d'argent et d'azur a
un Lyon de l'un en l'autre
accollé de gueules enrichy d'or

D'argent a la Comete
simplement ou herissee
de gueules

D'azur a la Comete cheue
lee en bande d'argent

D'argent a la Come
te caudée de trois
rayons tirans vers la
pointe de gueules

Dor au crequier de gueules

De sinople a l'escarboucle d'or

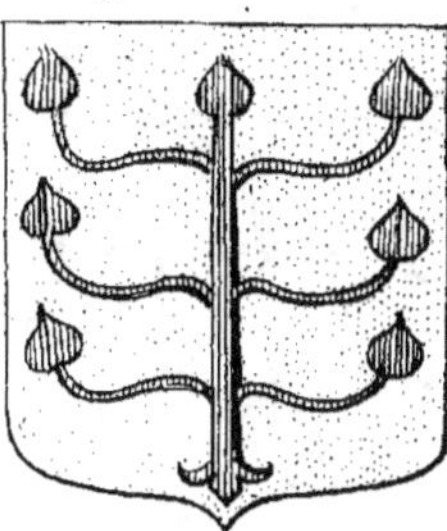

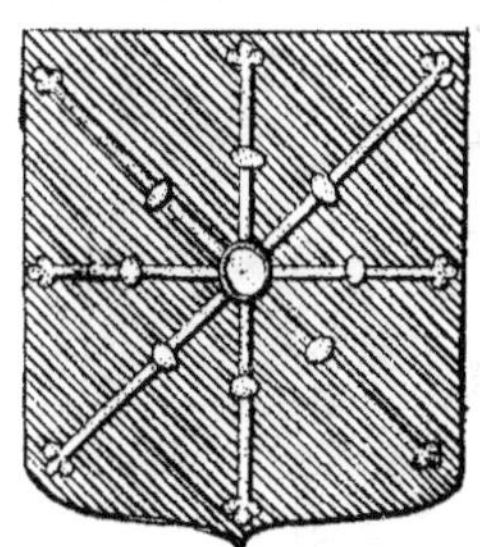

De gueules papelonne a dex
tre d'argent marqueté de sable au
pal d'or charge d'une merlette sur
montée d'un roc d'eschiquier de
sable au chef de sable

Party au premier d'azur a un
lyon naissant d'argent au second
de gueules a un lyon regar
dant d'or au chef d'argent
charge d'un lyon issant de sable

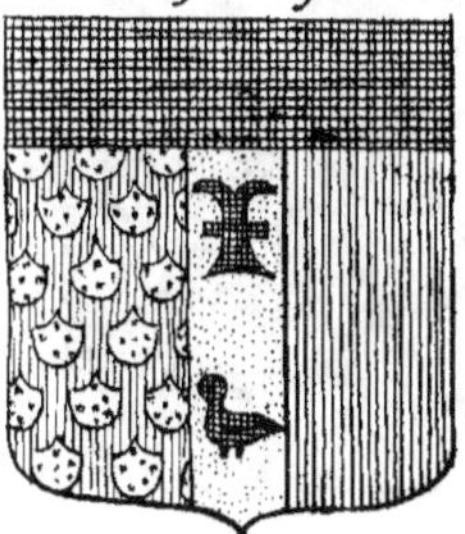

Escartelé au premier de gueules
a la queue de lyon fourchee et
passée en sautoir au 2 de pourpre a une
anile de sable au 3e d'azur au besand d'or,
au 4e d'or a une billette de sable en pal

Escartelé au premier d'argent a une
brique d'azur en pal au 2 de sinople
a la broye d'argent au 3e d'azur au
fermail d'or au 4e d'or a un cha
peron de gueules

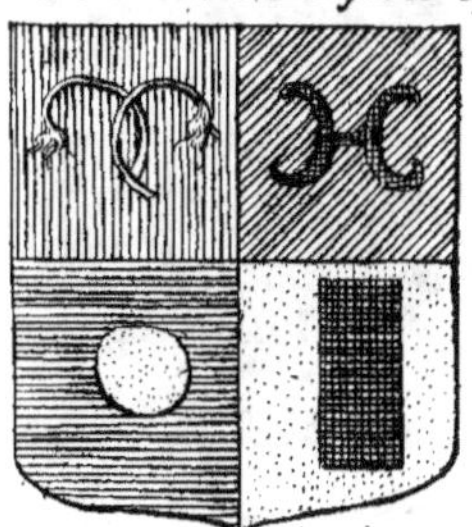

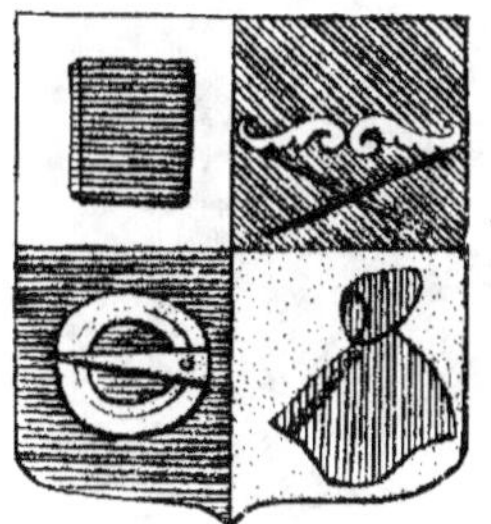

Escartelé au premier eschiquetté de
six traits d'argent et d'azur chargé
en chef de 6 dames d'or aux de
pourpre a une fusée de sable au troisiesme de sable a un gousset d'or
au quatriesme d'argent a un gonfanon d'azur

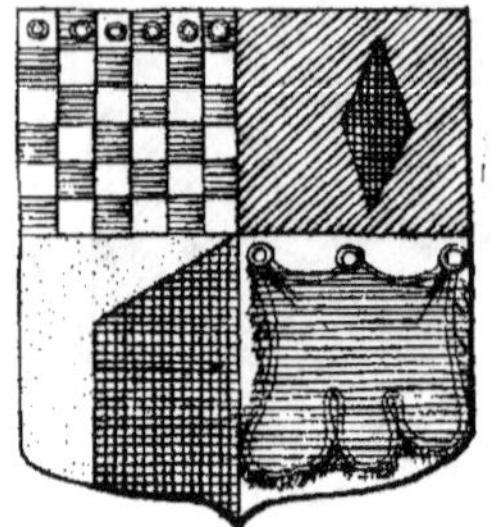

Escartelé en sautoir au premier de
gueules a une jante de roue d'or
clouée de mesme perie en chef au second d'or a un mouton a piloter de
pourpre ferré de sable au troisiesme
d'or a une losange d'azur au 4e
d'argent a une losange de gueules
remplie d'or

Escartelé au premier d'azur a une
mortaise d'or au 2 d'argent a la macle
de sable au 3 d'argent a la macle
de sable escollée de mesme au quatriesme de sinople a la manche mal
taillée d'argent

Dazur freté d'argent

Party d'azur a une navette d'argent et de gueules a 4 ostrelles
d'argent posées en sautoir soutenu
de sinople a une rehorte en
fasce de 5 pieces d'or

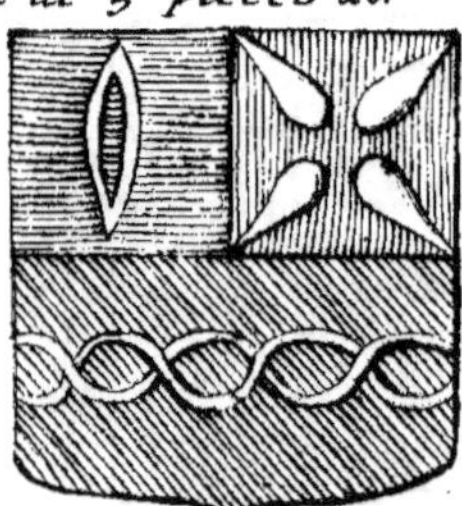

Tiercé en fasce d'argent a une
rustre d'azur sur pourpre au
tourteau de sable soutenu d'or
a la vertenelle de gueules
posée en fasce

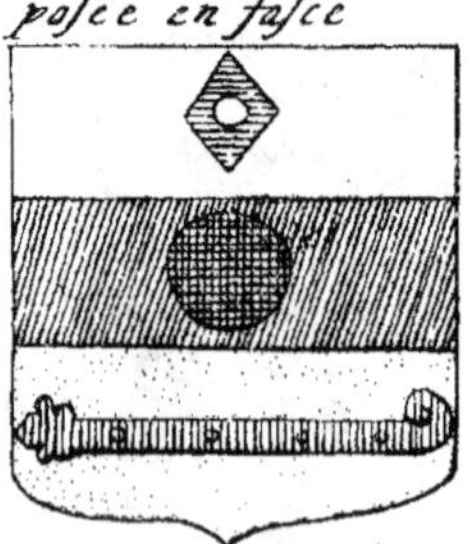

FIGVRES DE LA TROISIESME PARTIE

De gueules au lambel
dargent de 3 pendans

Dargent a la bordure
dazur

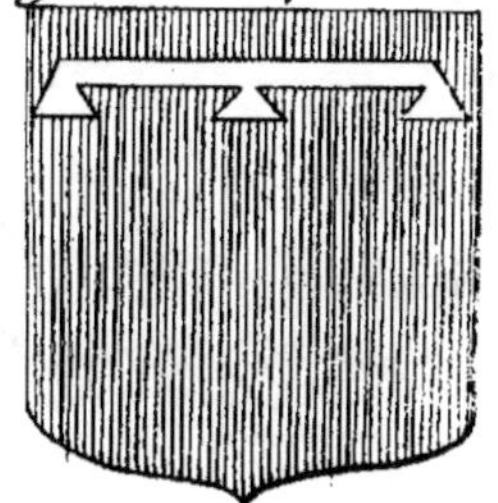

Dor a lorle de gueules

Dargent au baston
dazur

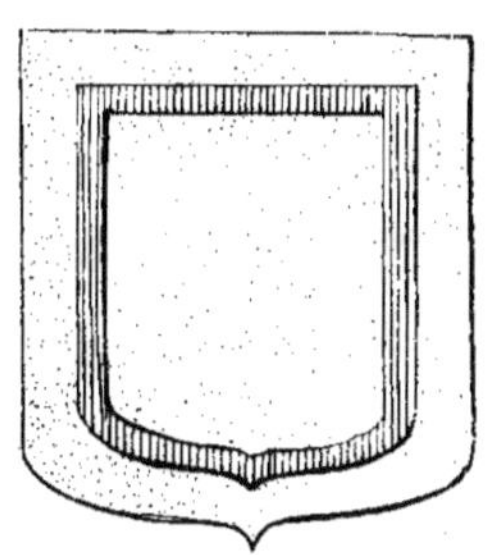

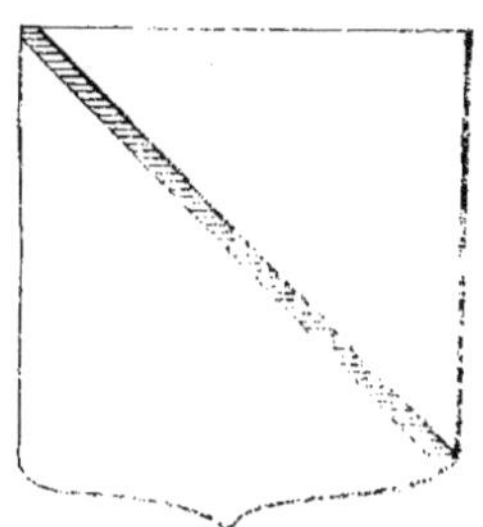

Dargent a la bande
de gueules

Dargent au trescheur
de gueules

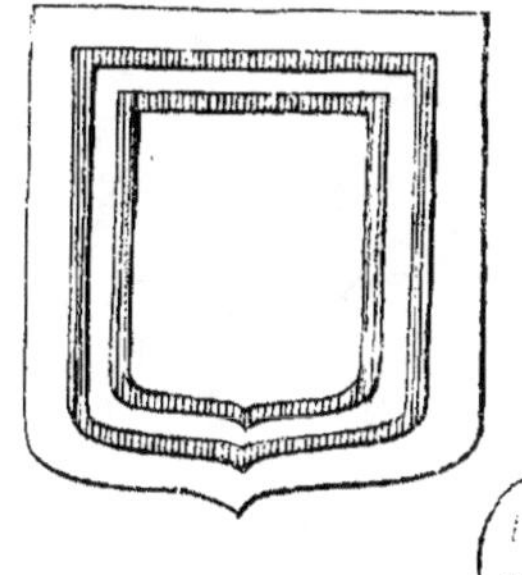

Couronne des
Roys D'Angle
terre

Couronne
Ducale

Couronne Anti
que

Couronne de
Marquis

K

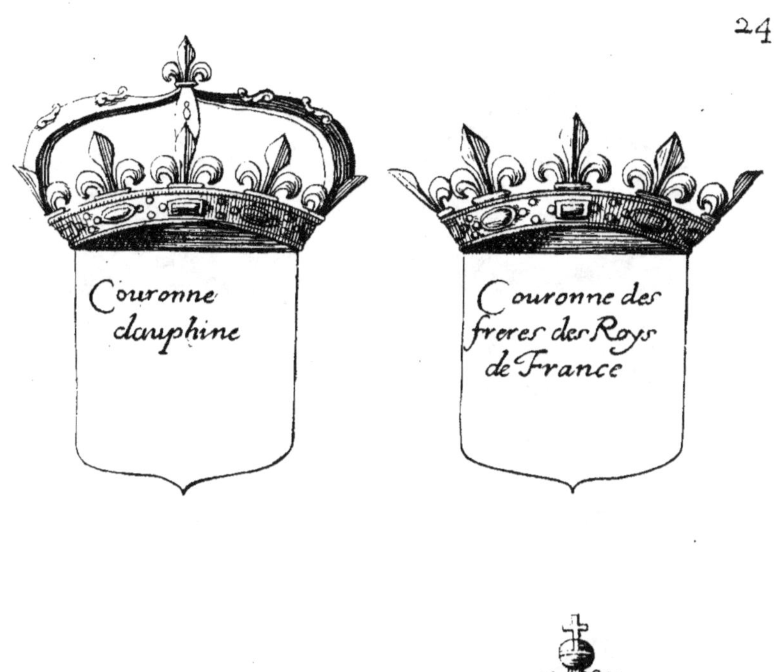

Couronne
dauphine

Couronne des
freres des Roys
de France

Couronne des
princes du Sang
de france

Couronne des
Roys D'Espa
gne

Couronne das
Roys D'Angle
terre

Couronne
Ducale

Couronne Anti
que

Couronne de
Marquis

K

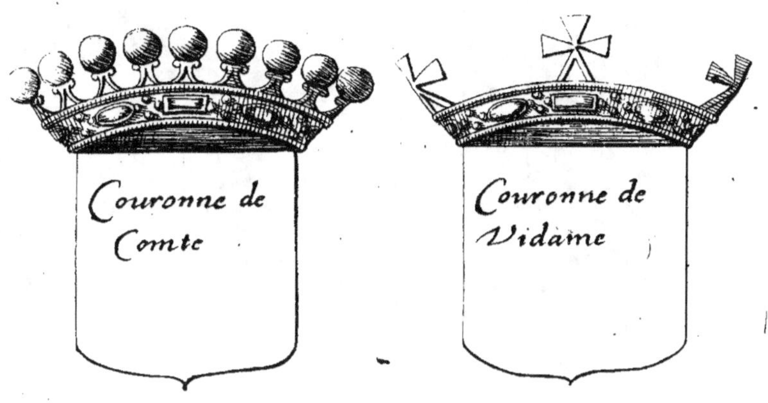

Couronne de
Comte

Couronne de
Vidame

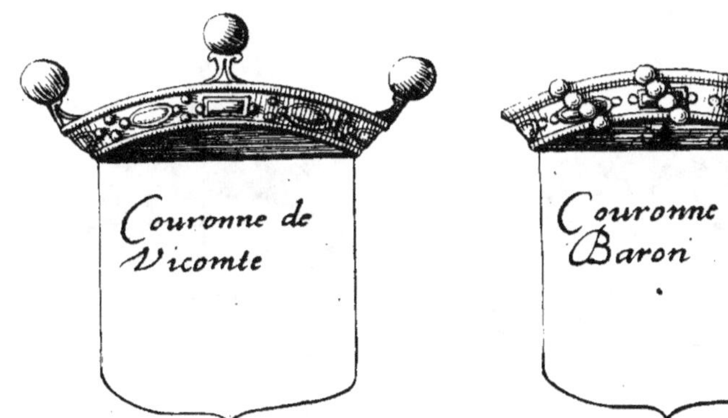

Couronne de
Vicomte

Couronne de
Baron

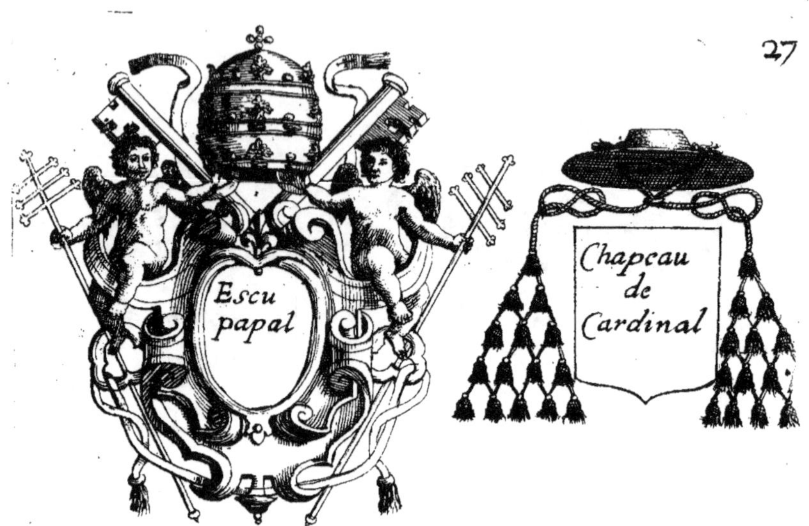
Escu
papal
Chapeau
de
Cardinal

Chap: de
Cardinal
patriarche
ou Legat

Chapeau
D'Archeues
que

Chapeau
D'Euesque

Escu des
Abez cros
sez mitrez

Escu des
Abesses

Escu des
prieurs

Casque des Roys de France

Casque des Ducs

Des Marquis

Casque des Comtes

Des Barons

Des cheualliers tres qualifiez

Des Gentilshommes de 3 races

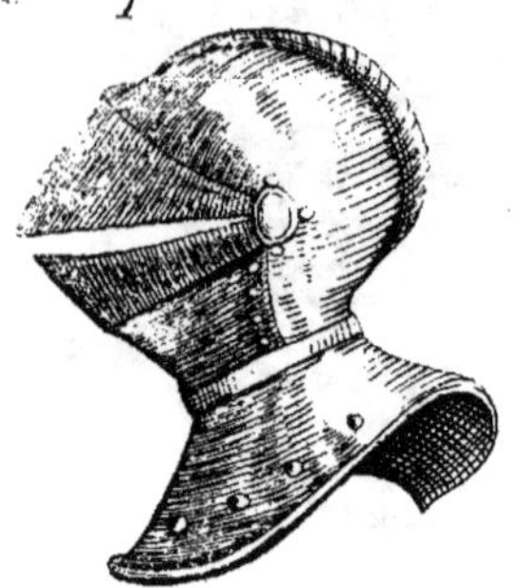

Casque d'Escuier

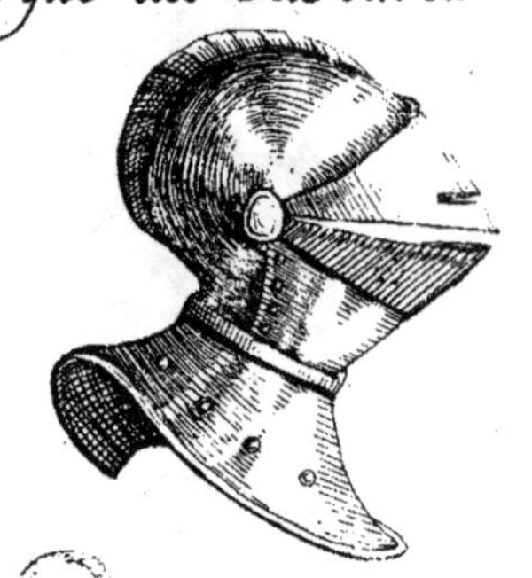

Casque des bastards

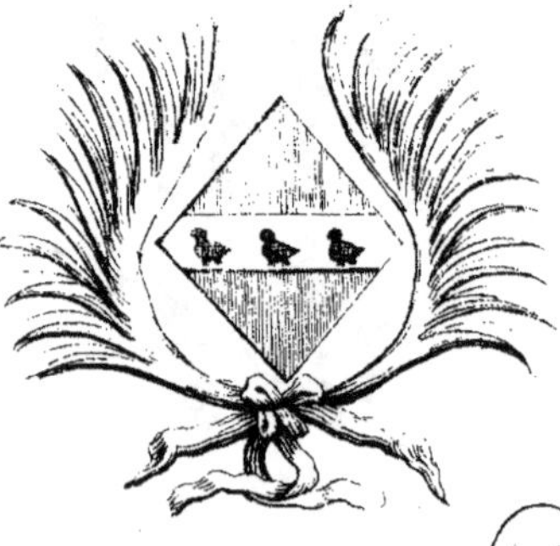

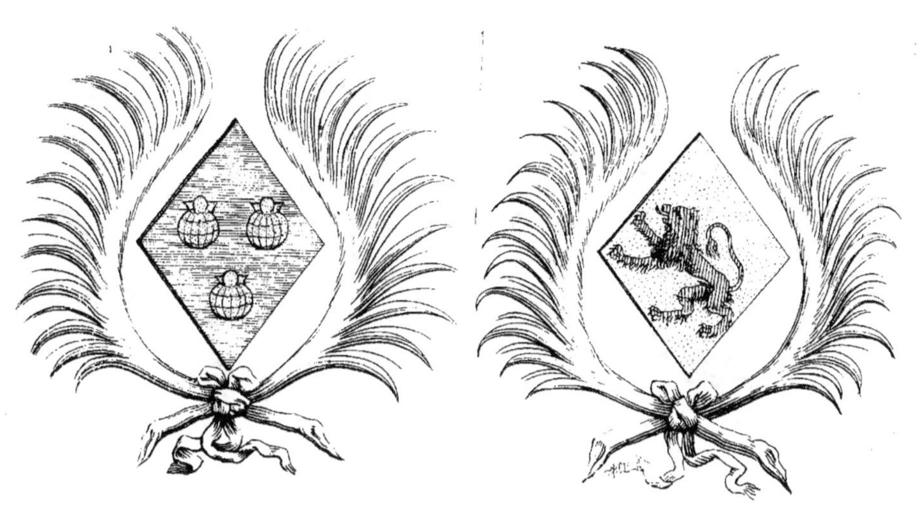

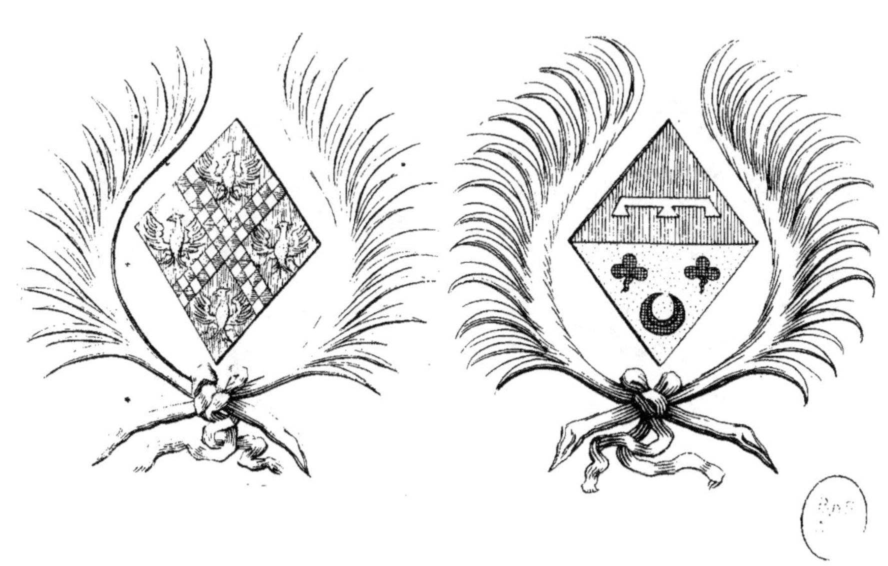

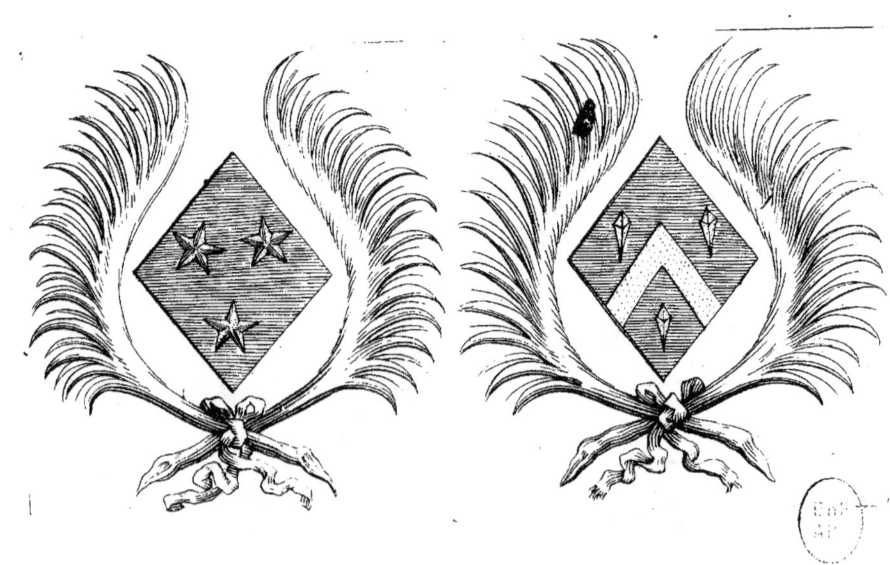

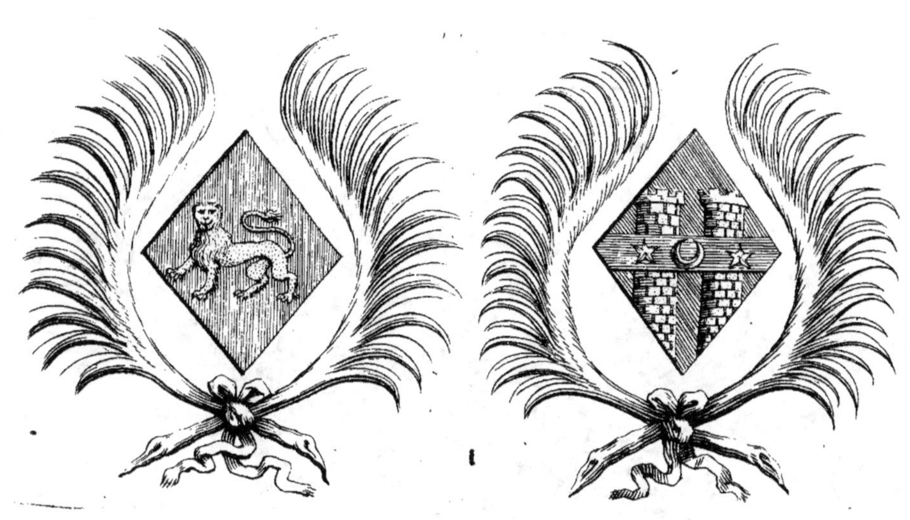

ROYER porte dazur a deux lions d'or affrontez armez et lampasez de gueules
au chef de pourpre chargé d'un Cygne d'argent chappé d'azur pour tenants
deux dragons aislez de Synople le tymbre de trois quars d'argent rayé d'or
au cimier d'un lion aislé draconé d'or et de Synople pour deuise ces mots
FORTIS ET PRVDENS SIMVL

THIBAVLT, *porte de Gueules, a la face d'argent, chargée de trois merlettes de Sable; Tymbré d'un casque d'acier de front, poly, rayé d'or, auec le bourrelet tortillé, et les Lambrequins hachez de gueules, d'argent, et de Sable; pour tenants deux leurettes au naturel, accolées de Sable, et po cinuer vne autre demie leurette de mesme, auec ce mot latin pour deuise.* FIDELIS.

PATRIÆ FŒLICIA TEMPORA NEBVNT
I. Picart fe

CINQUIESME PARTIE.

Es figures ayant éclarcy nos preceptes, reduisons les en pratique ; en ra-
portant les Armes des Grands, & autres qui s'offriront les premiers à noſtre
memoire.

Les Rois de France portent d'Azur, à trois Fleurs-
de-Lys d'or, deux & un ; l'Eſcu environné des Colliers
des Ordres de Sainct Michel, & du Sainct Eſprit,
Timbré d'un Caſque entierement ouuert, d'or ; par
deſſus, la Couronne fermée à l'Imperiale de huit rayons, hautement exauſſée d'une double Fleur-de-Lys,
qui eſt leur Cimier ; pour tenans deux Anges ; le
tout couuert du Pauillon Royal, ſemé de France,
doublé d'hermines ; & pour Deuiſe, *Lilia non laborant,*
neque nent.

L'Empire, d'or, à l'Aigle de Sable, Eſployé, Diade-
mé, langué, becqué, & membré de gueules.

Auſtriche ancien, d'Azur, à cinq Alloüettes, d'or,
poſées en ſautoir.

Autriche moderne, de gueules, à la Face d'Argent.

Les Rois d'Eſpagne, de la Maiſon d'Auſtriche, portent Eſcartelé ; le premier quartier auſſi Eſcartelé des
Armes des Caſtille ; qui ſont de Gueules à un Chaſteau,
d'or, ſomme de trois Tours de meſme, & de celles de
Leon, qui ſont d'argent, à un Lyon de Gueules, Le

L

second quartier est d'Arragon, qui est d'or, à quatre
Pals de Gueules; party de Sicile, qui est de mesme, & de
plus est flanché d'argent, à deux Aigles de Sable, une de
chaque costé: ce mesme Escu de Sicile, est soustenu de
celuy de Jerusalem, qui est d'argent, à la Croix d'or,
potencée & cantonnée de quatre Croisettes de mesme:
sur ces deux quartiers est posé l'Escu de Portugal,
qui est d'argent, à cinq petits Escus d'Azur, chacun chargé de cinq Besans d'argent, à un Point de
Sable, & le mesme Escu Bordé de Gueules, à sept
Chasteaux d'or : A la pointe de ces deux quartiers est
l'Escu de Grenade, qui est d'argent à une Grenade de
Gueules, tigée & feüillée de Sinople: le troisiesme
quartier est d'Autriche, qui est de Gueules, à la Face
d'argent, soustenu de l'ancien Escu de Bourgogne, qui
est Bandé d'Or & d'Azur, de six pieces, à la Bordure,
camponnée d'Argent & de Gueules, soûtenu de l'Escu de Barbant, qui est de Sable au Lion d'or; & sur
ces deux quartiers, est un petit Escu d'or, au Lion de
Sable, qui est de Flandres, party d'Argent à un Aigle de Gueules.

Le Royaume de Pologne, de Gueules, à un Aigle
d'argent, couronné & membré d'or.

Le Royaume de Galice, d'Azur, semé de Croix tre-
flées ou recroisetées, au pied fiché d'argent, & un Ca-
lice couuert d'or sur le tout.

Le Royaume de Tunis, d'Azur, à une Tonne d'or,
cerclée de Sable.

Le Royaume d'Irlande, d'Azur, à la Harpe d'or,
cordée de mesme. Autrefois il portoit de Sable à un Roi,

aſſis ſur ſon Trône, les jambes paſſées en ſutoir, teanant de ſa main droite vn Sceptre, le tout d'or.

Le Royaume de Leon, d'argent, au Lion de Pourpre.

Les Eſtats de Hollande, d'or, au Lion de Gueules.

Le Royaume de la Chine, dargent à trois Teſtes d'Hommes, de ſable, poſées de frond, leurs bus veſtus de Gueules.

Le Préte-Jean, Empereur des Indes, Souverain de quarante-deux Royaumes ; d'argent, à une Croix de Gueules, chargée d'un Crucifix d'or, accompagnée de deux Eſcourgées, ou Foüets de Gueules; ou ſelon d'autres, d'azur, à un Chriſt en Croix, d'argent.

Le Roy d'Armenie, de Gueules, à trois Teſtes de Dain d'argent, couronnées d'or.

Le Roy des Medes, de Pourpre, à trois Couronnes Ducales en Pal, celle du milieu d'argent, & les autres d'or.

Navarre, de gueules, aux Chaines d'or, entrelaſſées enſemble; départies en Orles, Pals, Faces, Bandes, contre-bandes en ſautoir ; ou au rais d'Eſcarboucle d'or, comme quelques-uns les Blaſonnent.

Angleterre, de Gueules, à trois Leopards d'or, mis l'un ſur l'autre, armez & lampaſſez de meſme.

Eſcoſſe, d'or, à un Lion de Gueules, enclos dans un double Treſcheur, ou Orle, Fleurdeliſé, & contre-fleurdeliſé, de meſme.

Cypre, eſcartelé; au premier d'argent, à une Croix potencée, cantonnée de quatre Croiſettes d'or; au second facé d'argent & d'azur de huit pieces, au Lyon de Gueules, brochant sur le tout, armé, lampaſſé & couronné d'or ; au troiſieſme quartier d'or, à vn Lyon de Gueules, & au dernier d'argent, à un Lyon de Gueules.

Le Royaume de Tolede, de Gueules, à une Couronne Imperiale d'or.

Le Royaume de Valence, de Gueules, à une Ville cloſe de murs deffenduë de Tourelles, & d'une porte d'argent, maſſonnée de ſable.

Sardaigne, d'or, à une Croix de Gueules, accompagnée de quatre Teſtes de Maures, de ſable, tortillées d'argent.

Dannemark, d'or, ſemé de Cœurs de Gueules, à trois Lyons Leopardez paſſans, mis l'un ſur l'autre, de Synople, couronnez d'or.

Suede, d'azur, à trois Couronnes d'or.

Boheme, de Gueules, à un Lyon, ayant une double queuë noüée, & paſſée en ſautoir d'argent, armé & couronné d'or.

Norvége, de Gueules, à un Lyon d'or, armé lampaſſé & couronné de meſme, tenant de ſes griffes, une hache Danoiſe d'argent.

Ruſſie, de ſable, à un Portail ouuert de deux battans de Porte, & peroné de deux marches d'or,

Moravie d'azur, à un Aigle eſchiqueté d'or & de Gueules, membré & langué de meſme.

Frize, d'azur, ſemé de Billettes d'argent, à deux Leopards d'or, paſſans l'un ſur l'autre.

Alſaſſe, de Gueules, une Bande d'or, accompagnée de six Couronnes de mesme, posée en Orle.

Le Comté d'Avignon, de gueules à deux Clefs d'or, adossées & passées en sautoir, liées d'argent.

Berne, de Gueules, à la Bande d'or chargée d'un Ours, de sable.

Apensel & saint Gal, Cantons de Suisse, d'or, à un Ours de sable, sur un pied, ou dressé en pied, accollé d'or, ou du champ, langué & allumé d'argent.

Le grand Cham de Tartarie, d'or, à un Hibou de sable.

Le grand Seigneur, de Sinople, à un Croissant d'argent, tymbré du Turban,

La Republique de Venise, d'azur, à un Lion aislé & assis, d'or, tenant sous sa pate un Livre ouvert d'argent.

La ville & Canton de Lucerne en Suisse, party d'Argent & d'azur.

Celuy de Soleurre, couppé d'Argent, sur Gueules.

Celuy de Zuric, tranché d'Argent, sur Azur.

Le Dauphin premier fils de France, escartelé; au premier & quatriesme de France; au deuxiesme & troisieme d'or, à un Dauphin d'azur.

Le Duc d'Orleans, d'azur, à trois Fleurs-de-Lys d'or, au Lambeau d'argent, de trois pendans.

Les Comtes de Valois, de France, à la Bordure de Gueules.

Les Ducs d'Anjou, de mesme, & depuis ils adioufterent à leur Escu ceux de Hongrie, de Naples, de Jerusalem & d'Arragon.

Les Ducs de Berry portent de France, à la Bordure lée de Gueules.

Les Ducs de Bourgogne aussi de France à la Bordure

camponnée & cantonnée d'argent & de Gueules; escartellé des anciennes armes de l'autre branche de Bourgogne, & sur le tout de Flandres.

Les Ducs d'Alançon, semé de France, à la Bordure de Gueules, chargée de huit Besans d'argent.

Les Comtes d'Evreux, Rois de Navarre, semé de France, au Baston camponné d'argent, & de Gueules.

Les Comtes de Clermont, Ducs de Bourbon, de France, au Baston de Gueules, brochant sur le tour, puis alizé.

Les Princes de Condé, de mesme.

Les Comtes de Soissons, de mesme, à la Bordure de Gueules.

Bourbon, Prince de la Roche-sur-Yon, Duc de Montpensier, porte de Bourbon, au Baston de Gueules, brisé en chef d'un petit Croissant d'argent.

Les Ducs de Vendosme, de Bourbon, au Baston de Gueules, brisé de trois Lyonceaux d'argent.

Les Seigneurs de Carency & Buquoy, de mesme.

Les Comtes d'Artois, semé de France, au Lambel de Gueules de trois pendans, chaque piece chargée de trois Chasteaux d'or.

Les Comtes d'Anjou, issus de Charles, Frere de S. Louis, portoient semé de France, au Lambel de Gueules, de cinq pendans.

Les Comtes de Dreux & de Brenne, quitterent de France, & porterent d'azur, eschiqueté d'or, à la Bordure de Gueules.

Les Ducs de Bretagne, puisnez de ceux de Dreux, quitterent aussi de Dreux, & porterent d'Hermines.

Les Seigneurs de Courtenay, Empereurs de Constantinople, quitterent aussi de France, & porterent d'or, à trois Tourteaux de Gueules.

Les Comtes de Vermandois, quitterent aussi de France, & porterent d'or eschiqueté d'azur.

Les Ducs de Bourgogne, issus de Robert troisiesme, fils de Robert, Roy de France, quitterent aussi de France, & porterent bandé d'or & d'azur de six pieces à la Bordure de Gueules.

Les Dauphins de Viennois, issus de ces Ducs de Bourgogne, quiterent aussi de Bourgogne, & porterent d'or, au Dauphin d'azur, cresté & oreillé de Gueules.

Les Rois de Portugal, issus aussi de ces Ducs de Bourgogne, prirent les Armes de Portugal, desia blasonnées.

Les Ducs de Longueville, portent d'Orleans, à la Barre d'argent.

Les Ducs de Montmorency, d'or, à une Croix de Gueules, cantonnée de seize Allelions d'azur.

Souabe, d'argent, à trois Leopards de sable, passans l'un sur l'autre.

Baviere, Lozangé d'argent & d'azur, de vingt & une piece, en bande.

Lituanie, de Gueules, à un Chevalier armé à cheual, bardé & armé, tenant une espée nuë en haut, d'argent.

Brunsvick, de Gueules, à deux Lions leopardez d'or, passans l'un sur l'autre, armez & lampassez d'azur.

Le Duc de Saxe, escartelé de douze: au premier, d'azur à un Lion contourné, burellé d'argent & de Gueules: au second, fassé de sable, & d'or, de six pieces, à une Bande fleuronnée de sinople, ou demy couronne Duca-

le en bande : au troisiesme, d'or à un Lion de sable : au
quatriesme, d'azur à un Aigle courronné d'or : au cinquiesme, party de sable & d'argent, à deux Espées nuës
passées en sautoir de Gueules : au sixiesme, de sable à un
Aigle d'argent : au septiesme, semé de Cœurs de Gueules à un Lion contourné de sable, armé, lampassé &
couronné d'argent : au huitiesme, d'or à deux Pals d'a-
zur : au neufiesme, d'azur, à un Lion party d'or sur argent : au dixiesme, d'argent à une Roze de Gueules : au
onziesme, de Gueule à un demy Aigle d'argent, party
& burellé d'argent & de Gueules ; le onziesme cartier
en plaine ou campagne, parti d'argent & de Gueules :
au douziéme, d'argét à trois bouts d'Espées de Gueules.

Le Duc de Savoye, party de trois, & coupé de trois,
autrement écartelé de seize : au premier, de Saxe ancien :
qui est de Gueules à un Cheval effrayé, contourné, d'argent ; party de Saxe moderne ; qui est fassé d'or & de
sable, de six pieces, à une demie Couronne Ducale,
en bande, de sinople, enté par le milieu du bas, d'argent
à trois bouts d'Espées de Gueules : au second, d'or, à une
Aigle de sable, membré, & becqué d'or, brisé ou chargé sur l'estomach de Saxe moderne : au troisiesme, de
Chablais, qui est d'argent, semé de Billettes, à un Lion
de sable : au quatriesme, de Piedmont, qui est de Gueules, à la Croix d'argent, chargée d'un Lambel d'azur à
trois pendans : au cinquiesme, de Cypre, qui est escartelé, comme nous auons dit : au sixiesme, d'Aoost, de
sable, à un Lion d'argent, armé & lampassé de Gueules : au septiesme, de Suze, d'argent à une Tour de Gueules, party de Gueules à une Tour d'argent : au huitiesme,
d'argent,

d'argent, à une Bande, accompagnée de deux Lions d'a-
zur : au neufiefme, de Baugié, qui eft de Gueules à
un Lion d'Hermines, armé lampaffé & couronné
d'or : au dixiefme, de Vaux, qui eft d'argent, à une Montagne de fable : au onziéme, pallé d'argent & d'azur, à
un Lion de Gueules : au douziefme, de Nice, d'argent, à un Aigle de Gueules, & une Montagne de fable
en pointe : au treiziefme, bandé de Gueules & d'or : au
quatorziefme, d'argent à une Croix de Gueules : au
quinziefme, de Foucigny, pallé d'or & de Gueules, chacun de trois pieces : au feiziefme, de Gex, d'azur, à fix
morailles d'or liées d'argent, au chef d'argent, chargé
d'un Lion naiffant de Gueules : & enté en pointe de
l'Efcuffon general des Armes de Montferrat, qui font
de Gueules au chef d'argent : fur le tout de gueules, à
une Croix d'argent, qui eft Savoye.

Les Ducs de Lorraine, portent party de trois & coupé d'un, ou efcartelé de huit : au premier de Hongrie :
au fecond, de Naples-Anjou, femé de France, au Lambel de gueules à cinq pendans : au troifiefme, de Jerufalem : au quatriéme, d'Arragon : au cinquiéme, d'Anjou,
femé de France, à la bordure de gueules : au fixiefme,
de Gueldres, qui eft d'azur, à un Lion contourné d'or,
armé & couronné de gueules : au feptiefme, de Flandres,
qui eft d'or, à un Lion de fable : au huitiefme, de Bar,
qui eft d'azur, femé de Croix recroifetées : au pied fiché d'or, & deux Barbeaux adoffez de mefme : & fur
le tout d'or, à une Bande de gueules, chargée de trois
Allerions d'argent.

Les Ducs de Neuers, efcartelé : au premier d'ar-

M

gent, à une Croix patée de gueules, accompagnée de
quatre Aigles de fable, membrez de gueules ; & fur
la Croix efcartelé, au premier & quatriéme de gueules,
à un Lion d'or ; au fecond & troifiefme, d'or, à trois
Faces de fable : au fecond & troifiefme quartier, coupé de quatre en chef, foutenu de trois en pointe : au
premier, de Cleves, qui eft de gueules, à huit Baftons,
ou Septres Royaux d'or, qui ont au bout d'enhaut chacun une Fleur-de Lys auffi dor, pofez, trois fur le chef
& trois fur la pointe, en bande, contre-bande, & pal,
& deux en face, lefquels fe rencontrent par les bouts
d'enbas, fur un petit Efcu d'argent, chargé d'une efme-
raude au naturel, qui eft de finople : au fecond, de la
Marc, qui eft d'or à la Face echiquetée d'argent & de
gueules : au troifiefme, d'Artois, qui eft femé de France, au Lambel de gueules, de trois pendans, chaque
piece chargée de trois Chafteaux d'or ; au quatriefme,
de fable, à un Lion d'or : au cinquiefme, ou premier,
de la pointe, de Bourgogne-Nevers moderne : au fixiefme de Retel, qui eft de gueules, à trois Teftes de
Rateau d'or : au feptiefme, d'Albret-Orval, qui eft de
France, efcartelé de gueules, à la Bordure canelée d'argent : au hutiefme & dernier canton, party de deux &
coupé d'un, ou efcartelé de fix, trois en chef, & trois
en pointe : le premier d'or, à un Aigle efployé de fable, membré de gueules : au fecond, de Jerufalem : au
troifiefme, d'Arragon : au quatriefme, de Saxe moderne : au cinquiefme, de Bar : au fixiefme de Conftanti-
nople, qui eft de gueules, à la Croix d'or, cantonnée de
quatre Fufils ou B. en Grec, adoffez d'or : fur le tout de

ce quatriefme canton, d'argent au chef de gueules;
& fur le tout des quatre quartiers en general, d'Alen-
çon.

Les Comtes de Waruik Anglois, party de trois,
coupé de trois, ou efcartelé de feize: au premier d'or,
à un Lion à double queuë de finople, qui eft Sutton:
au fecond, d'or à deux Lions leopardez d'azur, qui eft
Dudley: au troifiefme, de gueules à une quinte-feüille
d'Hermines, qui eft Panelle: au quatriefme, de Gray,
qui eft facé d'argent & d'azur, de fix pieces; celle du
chef chargée de trois Tourteaux de gueules: au cinquiefme, d'argent à une Croix endentée d'azur qui eft de
Malpas: au fixiefme, de Haftinges, à une Manche mal
taillée de gueules: au feptiefme, de Valence, qui eft facé
d'azur & d'argent, de dix pieces, à l'orle de neuf Merlettes de gueules: au huitiefme, de Ferres, qui eft vairé
d'or & de gueules: au neufiefme de gueules, à fept pieces d'or; trois, trois, & un, qui eft Charley: au dixiefme, de Kamulpherle; Ofcheftée, qui eft d'azur, à trois
Gerbes d'or: au onziefme, de Talbot, qui eft de gueules, à un Lion d'or, à la Bordure engreflée d'or: au
douziefme, de Beau-champ, qui eft de gueules, à une
Face, accompagnée, tant en chef qu'en pointe, de fix
Croix fleurónées d'or: au treiziefme, efchiqueté d'azur,
à un chevron d'hermines, qui eft de Terquemifer Leof-
Waruic: au quatorziefme, de gueules, au Chevron
d'argent, accompagné en chef de fix, & en pointe
de trois Croix de mefme, qui eft de Barclzley: au quinziefme, de l'Ifle, qui eft de gueules à un Leopard d'argent couronné d'or: au feiziefme, & dernier de Lyfleu,

qui eſt d'or, à la Face de ſable, accompagnée de deux Chevrons de meſme.

Lunebourg, eſcartelé: au premier de gueules, à deux Leopards d'or, armez d'azur : au ſecond d'argent, ſemé de Cœurs de gueules, à un Lion d'azur, armé & couronné d'or : au troiſieſme, d'azur, à un Lion d'argent, armé de gueules: au quatrieſme, de gueules, à un Lion d'or, armé d'azur, à la Bordure componée d'or & d'azur.

Carintie, d'argent, à trois Leopards de ſable, mis l'un ſur l'autre.

Pruſſe, d'argent, à une Aigle de ſinople, membré & couronné d'or, langué de gueules.

Wittemberg, d'argent, à trois bois de Cerf, peris en face, de ſable.

Brabant, de ſable, à vn Lyon d'or.

Iuilliers, d'or, à vn Lyon d'azur, armé & lampaſſé de gueules.

Limbourg, d'argent, au Lion faſſé d'or & de gueules,

Medicis, d'or, à cinq Tourteaux de gueules, 2. 2. & 1. ſurmontez en chef d'un autre d'azur, à trois fleur-de-Lys d'or.

Ferrare, porte tiercé; le premier & troiſieſme party d'or à un Aigle eſployé de ſable, membré, langué, & couronné de gueules, ſouſtenu d'azur, à trois fleurs-de Lys d'or, à la Bordure endentée d'or & de gueules: La ſeconde partie, ou celle du milieu, eſt de gueules, à deux Clefs, paſſées en ſautoir, l'une d'or, l'autre d'argent, chargées d'une Eſcuſſon d'azur, ſuportant un Aigle d'argent, membré & couronné d'or, furmonté en chef d'une Tiare Papale d'or, ornée d'azur, de fi-nople, & de pourpre en fonds ; enrichie de pierreries au naturel.

La Ville de Paris, de gueules au Navire freté, & voilé d'argent, voguant fur les ondes de mefme, au chef de France ; qui eft d'azur, femé de fleurs-de-Lys d'or.

Celle de Cordouë, d'or, à un Lion de gueules, cou-ronné & armé d'or, à la Bordure d'azur.

Philippes de la Mothe-Houdancour, Marefchal de France, Duc de Cardone, porte efcartelé d'azur, à la Tour d'argent : au fecond & troifiefme d'argent, à un Levrier rampant de gueules, accollé d'or, accompa-gné de trois Tourteaux de gueules mal arrangez, fur-montez d'un Lambel de mefme en chef.

Jean de Budes Comte de Guebriant, Marefchal de France, porte efcartelé de huit : au premier d'or, à fept Macles d'azur, trois, un & trois, qui eft de Couvran : au fecond, de Buffon, qui eft d'argent au Lion de fable, couronné, lampaffé, & armé d'or : au troifiefme, de Chafteau-briant, qui eft de gueules, femé de fleurs-de-Lys d'or : au quatriefme, d'argent, à trois Lions de fable, au franc quartier écartelé de Caftille & de Leon, qui eft du Begue de Vilaines : au cinquiéme d'argent, au Lion couppé de gueules, & de finople, armé & couronné d'or, qui eft d'Epinay : au fixié-me, de Montmorency : au feptiéme, de Vendofme ancien, qui eft d'argent au chef de gueules, & un Lion couronné, lampaffé, & armé d'or, brochant fur le

tout : au huitiéme, d'argent, à quatre Lions de gueules
couronnez, lampaſſez & armez d'or, poſez en eſcartelu-
re, qui eſt Beauvau : ſur le tout de Budes, qui eſt d'argent, à un Pin de ſinople coſtoyé au droit du Tronc
de deux fleurs-de-Lys de gueules,

L'Hoſpital, de Vitry, & du Hallier freres, Mareſchaux
de France, de gueules à un Coq d'argent, membré, becqué, creſté, & barbé d'or, tenant le membre droit leué,
chargé d'un Ecuſſon d'azur, à la fleur-de-Lys d'or.

Le Mareſchal de Gaſſion, eſcartelé : au premier &
quatriéme d'azur, à une Tour d'or, à trois Pals de gueules, au ſecond & troiſiéme, d'argent, à un Arbre de ſinople, & un Levrier de gueules, courant en pointe, vis à
vis du Tronc de l'arbre, acollé d'azur, bordé d'or.

Le Mareſchal de Gramót, eſcartelé au premier & quatrieſme d'or au Lion de gueules, qui eſt de Gramont;
au ſecond & troiſieſme, de gueules, à trois dards ou ja-
uelots d'or, poſez en pal, la pointe en bas, qui eſt d'Aſte :
ſur le tout de gueules, à trois Faces ondées d'argent,
qui eſt Toulongeon.

Le Conneſtable de Luynes, eſcartelé : au premier &
quatrieſme, d'or, au Lion de gueules, couronné du
champ : au ſecond & troiſieſme d'azur, à deux Louves
raviſſantes & affrontées, d'argent ; ſur le tout d'azur, à
une Maſſuë d'or en pal, au chef d'argent, chargé d'un
Lambeau ou Gonfanon de gueules.

Coligny de Chaſtillon, Mareſchal de France, de
gueules à l'Aigle d'argent, membré becqué & couronné d'azur, onglé, & langué d'or.

Rougé Siegneur du lieu, au Dioceſe de Nantes, de
gueules à une Croix pattée d'argét : armoiries que l'on

voit encore au Prieuré de S. Sauueur d'Abaré; auquel Her-
vé, & Eudon de Rougé son fils donnerent une dixme & plusieurs terres. De cét Eudon de Rougé estoit issu Yvon Seigneur de Rougé, qui espousa Anne Bigot, fille de Messire
Jean le Bigot, fils de Hermon le Bigot, Fondateur de l'Abbaïe
de nostre Dame de Melleraye de l'Ordre de Cisteaux : Fon-
dation que Yvon de Rougé & Anne le Bigot approuuerent,
confirmerent, & augmenterent de beaucoup de reuenus. De
leur Mariage naquit Bonabas de Rougé, premier du nom,
Sire de Rougé, l'un des Chevaliers & Seigneurs Bretons, qui
se liguerent contre Henry II. Roy d'Angleterre & Duc de
Normandie & qui l'an 1183. donna la dixme de S. Aubin de
Cisteaux, à l'Abbaïe de Melleraye. Il fut pere de Messire
Olivier de Rougé premier du nom, pere d'Olivier second,
pere de Bonabas second, pere d'Olivier troisiesme, qui espousa Agnes de Derval heritiere de cette terre. Olivier &
Agnes eurent pour fils Guillaume de Rougé Seigneur du
lieu & de Derval, qui fut marié deux fois. La premiere avec
Macée de Haye, dont il eut Bonabas de Rougé, mort sans
enfans, & Marguerite de Rougé femme d'Olivier de Tour-
nemine Seigneur de la Hunaudaye : & la seconde avec N.
fille aisné du Seigneur de Neuville & de la Cornoüaille en
Anjou, & de l'heritiere de la Roche-diré aussi en Anjou.
De cette seconde femme il eut Iean de Rougé Seigneur du
lieu, de Derval, de Neuville, de la Cornoüaille, & la Roche-diré, pere de Bonabas de Rougé quatriesme du nom,
qui combatant pour le service du Roy Jean à la Bataille de
Poitiers, fut pris, & mené prisonnier en Angleterre, puis
delivré en payant sa rançon; & enfin donné en ostage aux
Anglois, avec plusieurs autres Princes & Seigneurs, ius-
qu'à l'execution du Traité, qui fut fait pour la deliurance de

Jean. Il reçeut de ce Roy en reconnoiſſance de ſes ſervices la Viſcomté de la Guerche en Touraine, & de ſa femme heritiere de la Seigneurie de Saint Marc de la Pille, laiſſa deux filles & deux fils, Jean de Rougé qui mourut ſans enfans, & Galliot qui luy ſucceda. Galliot eſpouſa Marguerite de Beaumanoir, fille de Jean de Beaumanoir Mareſchal de Bretagne, & d'elle eut Jeanne & Jean de Rougé; qui prit pour femme Beatrix de Rieux, fille de Jean de Rieux Mareſchal de France, & de Jeanne de Rochefort, fille de Thibault de Rochefort Seigneur du lieu, de Chaſteau-neuf, d'Aſſerac, & Vicomte de Donges. Jean de Rougé mourut le 8. Fevrier 1416. ſans enfans de ſa femme Beatrix, & fut enterré en l'Egliſe & Parroiſſe Derval ſous un Tombeau eſleué, avec une inſcription, où il eſt qualifié haut & puiſſant Seigneur. Ainſi Jeanne de Rougé ſa ſœur luy ſucceda en tous ſes biens, & fut femme de Meſſire Arnoul de Chaſteaugiron, qui d'elle eut Patri & Valance de Chaſteau giron. Patri de Chaſteau giron eſpouſa Louiſe de Rohan, dont il n'eut point d'enfans, & Valance ſa ſœur luy ayant ſuccedé, fut féme de Meſſire Geoffroy de Maleſtroit, qui d'elle laiſſa Gillette & Jean de Maleſtroit. Celuy-cy eſpouſa Heleine de Laval fille de Guy quatorzieſme du nom Comte de Laval & d'Yoland de Bretagne, fille de Jean VI. Duc de Bretagne & de Jeanne de France fille du Roy Charles VI, & d'Elizabeth de Baviere, & mourut ſans en avoir lignée. Ainſi ſa ſœur Gilette de Maleſtroit luy ſucceda, & fut femme de Meſſire Jean de Raguenel Mareſchal de Bretagne, qui prit le nom de Maleſtroit, & laiſſa deux filles, Françoiſe & Jeanne de Maleſtroit. Françoiſe l'aiſnée Dame de Maleſtroit de Rougé, de Derval de Guemené-panfaut, de Beauregard, de Nozay, de Vilaucher, du Tail, de Neuville, de la Guerche,

Guerche, de Largoet, de Chasteaugiron, & fut femme de Messire Jean de Rieux, Sire de Rieux & de Rochefort, Comte d'Harcourt, Vicomte de Donges, Baron d'Ancenis, Seigneur d'Asserac & de Chasteauneuf, Mareschal de Bretagne; qui d'elle eut Françoise de Rieux, femme de François de Laval. De leur mariage vinrent deux fils, Pierre qui mourut sans enfans, & Jean de Laval, qui espousa Françoise de Foix, de laquelle il n'eut qu'vne fille, Jeanne de Laval, qui mourut auant luy. A raison dequoy il institua son heritier en toutes ses terres & Seigneuries, Anne de Montmorancy Connestable de France, de la famille duquel elles sont passées en celles de Bourbon, par le mariage de Charlotte de Montmorancy, avec Henry de Bourbon Prince de Condé.

Mais le dernier Titre d'honneur de cette Famille, dont une deduction plus particuliere seroit trop longue pour ce lieu ; c'est qu'elle a produit Messire Jacques de Rougé, Chevalier Seigneur du Plessis Belliere, Marquis du Fay, Capitaine General des armées du Roy, Gouverneur d'Armentieres & de la Bassée, nommé à l'Ordre du S. Esprit, qui mourut l'an 1654. des blessures qu'il avoit reçeuës au combat de Castel-Amare. De sa femme, Dame Suzanne de Bruc, il a laissé Messire Pierre de Rougé Chevalier Marquis du Fay, Messire Henry-François de Rougé, Abbé de Bonrepos, & Catherine de Rougé, Marquise de Crequy.

Messire Jean de Bruc, Chevalier Seigneur de la Grée, de la Verrie & de Montplaisir, Conseiller du Roy en ses Conseils, Procureur General des Estats de Bretagne, d'or à une Rose de gueules en abisme. De sa femme Marie Venier, Dame de la Guerche, la Rabliere, l'Estang-Jouan & fille de Messire François Venier Chevalier, Gouverneur de Langez & de Bellisle, Italien de nation, & de Dame Jeanne

N

de la Touche, dont la mere eſtoit Rochouart, & la Byſa-
yeule Rohan, il eut François de Bruc, Seigneur de la Guerche, Henry de Bruc, Abbé de Bellefontaine, René de
Bruc, Seigneur de Montplaiſir, Lieutenant general aux armées du Roy, ſon Lieutenant au Gouvernement d'Arras, & Meſtre de Camp d'un Regiment de Cavallerie,
qui l'an 1655. eſpouſa Deniſe de Corbie heritiere de
cet illuſtre Nom, François de Bruc Seigneur de la Rabliere, Meſtre de Camp d'un Regiment de Cavallerie, &
cinq filles, Jeanne de Bruc mariée à Paul de Troceſſon,
Marie & Antoinette de Bruc, Religieuſes Urſelines, Suzanne de Bruc, Marquiſe du Pleſſis Belliere, & du Fay,
& Catherine de Bruc, femme de Ceſar Blanchart, Chevalier Baron du Bois de la Muſſe, premier Preſident de
la Chambre des Comptes de Bretagne. Mais parmy
tant de perſonnes illuſtres, ayant nommé Monſieur de
Montplaiſir, on feroit iniuſtice à ſon merite, ſi l'on
paſſoit ſous ſilence qu'il poſſede eminemment toutes les
Vertus Civilles & Militaires, qui font les Heros, &
qu'en ſon ame elles ſont eſclairées de tant de ſçavoir &
de tant d'eſprit, que les ſiecles les plus feconds en grands
Hommes, n'en ont point eu de plus acheué.

Hortigue, Maiſon ancienne d'Apt en Provence, porte de, gueules à cinq Beſans d'or en ſautoir, celuy du
milieu cantonné de quatre Eſtoiles de meſme.

Meſſire Louis de Longuiau, Chevalier Seigneur de
Saint Michel & de Clerambault, porte freté d'or & d'a-
zur de ſix pieces : pour ſupports deux Licornes d'argent,
& pour Cimier une demie.

L'Enffant, Eſcuyer Seigneur de Saint Gilles, porte d'argent au Soutoir d'azur, ſemé de Molettes d'or ſans nom-

bre, chargé en cœur d'un Escuſſon faſcé d'or & de gueules, à la bordure componée de l'un en l'autre ; party des
armes de ſa femme Dame Marie le Page, qui porte eſcartelé : au premier & quatrieſme d'azur à un chevron d'or,
accompagné de trois Mollettes d'argent pour enquerir, & au
ſecond & troiſieſme de Pollonceau, qui eſt de ſable à un
Onceau d'or : Armoiries qui dans les Editions precedentes
ont eſté autrement blaſonnées, ſur des mauvais memoires.

Meſſire N..... Betaud Conſeiller du Roy en ſes Conſeils,
Seigneur de Chemaux, & de Montbarroy, d'azur à un Lyon
d'or, empeſché d'une bande de gueules, chargée de trois Roſes d'argent, pour ſupports deux Lyons d'or, & un demy
pour Cimier.

Monſieur Maiſtre N...... du Bois Seigneur du Menillet,
Conſeiller du Roy en ſa Cour de Parlement, d'argent, au
chef d'azur, chargé de trois Croiſſans montans d'argent,
accompagné en pointe d'un arbre de ſinople au naturel.

Meſſire N..... du Bois, Seigneur de Gueudreville, Conſeiller du Roy en ſes Conſeils & Maiſtre ordinaire des Requeſtes de ſon Hoſtel, porte meſmes armes que Monſieur
du Menillet ſon frere, briſées d'un Lambel de gueules
de trois pieces, brochant ſur le tout.

Meſſire François du Bois, Chevalier, Seigneur de Boine
& de Mouſſeaux, porte de meſme que Meſſieurs du Menillet & de Gueudreville ſes freres, briſé d'un Lambel de
Gueules de quatre pieces.

Meſſire Guillaume Charron, Seigneur de Morville,
Abbé de Ribemont, porte d'azur à un chevron d'or, accompagné de deux Roſes d'argent en chef & d'un Lyon
d'or rampant en pointe, pour ſupports deux Lyons, & un
demy pour Cimier.

Bofiegu, d'argent, à trois pins de finople.

Du Ruflay, d'argent, au chevron de Gueules, accompagné de trois trefles de mefme.

Meſſire Jacques de la Taille, Chevalier Seigneur des Eſſars & de Marcinvilliers, de fable, au Lyon d'or armé, lampaſſé & Couronné de gueules ; party des armes de fa femme Dame Julie de Prunelay, qui porte de gueules, à fix annelets d'or, 3. 2. 1.

Jegou, Vicomte de Querjan, d'agent, à un Cor de fable, accompagné de quatre tablettes d'azur, chacune chargée d'une Croix pomettée d'or.

Meſſire Vincent le Borgne, Chevalier Seigneur de l'Eſquifiou, de Queraliou, & de Querregant, d'azur à trois Cors d'or, enguichez de mefme, 2. 1.

La Soraye, d'hermines, à deux haches d'armes adoſſées de gueules.

La Feüillée, d'or, à la Croix engreſlée d'azur.

Couvran, d'or, à fept Macles d'azur, 3. 1. 3.

Cambray, efcartelé ; au premier & quatriefme de Mallefmains, qui eſt de gueules à trois mains gauches d'or: au fecond de Saint Gilles, qui eſt d'azur femé de fleurs-de Lys d'argent: au troifiefme de Vendofme, qui eſt d'argent, au chef de gueules, au Lyon d'azur brochant fur le tout ; & fur le tout de Cambray, qui eſt d'azur à trois Lyons d'argent.

Madeuc, Seigneur de Quemaduc, d'argent au Lyon de fable, accompagné de fix Coquilles de mefme

Brexin, d'azur à fix Macles d'argent, au chef d'argent, à trois hermines en face.

Bara, de gueules, à trois bandes d'or.

Le Pennec, Seigneur de Querdouré, de gueules, à trois teſtes de femme chevelées d'or.

Trouſſier, d'hermines au Lyon de gueules.

Sevigné, eſcartelé de ſable & d'argent.

Franchet, d'azur à cinq fuzées d'or poſées en pal, rangées en face, accompagnées de huit Bezans de meſme,
quatre en chef, & quatre en pointe.

Du Gourray, de gueules à quatre faces d'or.

Bouhyer, d'azur au chevron d'or, accompagné en chef de
deux Croiſſans d'argent & d'une teſte de bœuf d'or en
pointe.

Taillefer, de gueules à deux Leopards d'or.

Robion, de gueules à dix billettes d'argent, 4. 3. 3. 1.

Halgoet, d'azur au Lyon morné d'or.

Pinart, facé, ondé de ſix pieces d'or & d'azur, au chef de
gueules, à une pomme de pin d'or.

Le Noir, d'azur à trois chevrons d'argent.

Vis-delou Seigneur de Quermarquer, d'argét à trois teſtes de loup, de ſable, arrachées & lampaſſées de gueules.

La Villeon, d'argent au houx de ſinople, au quanton de
ſable freté d'or.

Bois-gelin Seigneur de la Garenne, eſcartelé, au premier & quatrieſme de gueules, à une Mollette d'argent,
le 2. & 3. d'argent.

Queraly, d'azur à trois Coquilles d'argent & une
fleur-de Lys d'or en cœur.

Jean Boſſide Eſcuyer Seigneur de la Gouttine, & du
Guariguet, iſſu des Sibeny Nobles Venitiens, d'azur à un
chevron eſchiqueté de deux traits de ſable & d'argent, accompagné en chef de deux Lyós d'or, rampans, affrontez,
armez & lampaſſez de gueules, & en pointe deux fléches
d'argent, paſſées en ſautoir, liées d'un Rainſeau de laurier
au naturel.

Le Marefchal de Baffompierre, d'argent, à trois Chevrons de gueules : ce font auffi les Armes de la Maifon
de du Pleffis-Richelieu, d'où le grand Cardinal eft forty.

Le Marefchal de Toiras, d'argent, à trois Fers de
Cheval, de gueules, troüez d'or.

Le Marefchal d''Eftrées, d'argent, Freté de fable ; au
chef d'or, chargé de trois Merlettes de fable.

Le Marefchal de Schomberg, d'or, au Lyon couppé de gueules, fur finople.

Le Marefchal de Turenne, d'or, à un Gonfanon de
gueules, frangé d'azur.

De Fiefques, Bandé d'argent & d'azur.

Rambures, d'or, à trois Faces de gueules.

Coffé-Briffac, de fable, à trois Faces, denchées par le
bas d'or,

Eginard, Chancelier & Hiftoriographe de Charlema-
gne, de finople, à la Croix de vair, accompagnée de
quatre Cloches d'or baftelées d'azur, felon le Ferron.

Bertrand du Guefclin, Conneftable, d'argent, à l'Aigle efployé de fable, becqué & membré de gueules, au
Bafton de mefme, fur le tout.

Chabot, d'or, à trois Chabots de gueules.

Gouffier-Bonnivet, d'or, à trois Jumelles de fable,
efcartelé de Montmorency.

Armantieres, d'azur, femé de Billettes fans nombre, d'or, au Lion de mefme.

Faï Defpaiffes, d'argent, à une Bande d'azur, chargée de trois teftes de Lycorne d'or.

L'Aifné-la-Marguerie, d'argent, à la Face de fable, accompagnée de trois Molettes d'efperon de mefme.

Lobigeois-de-Rebaud, fieur de Briffailles, d'or, à
la Face de gueules.

Henry de Briqueville , Marquis de la Luzerne &
d'Amanville , Meſtre de Camp d'un Regiment de Cavalerie , Mareſchal de Camp , & Gouverneur du
Mont S. Michel , pour le Roy Louis XIII. porte
party de trois , & coupé d'un; autrement eſcartelé de
huit : au premier d'Eſpinay, qui eſt d'argent à un Lyon
coupé de gueules & de ſinople, couronné , armé, &
lampaſſé d'or : au ſecond, de Bloſſet, qui eſt d'or & d'a-
zur, de ſix Pieces, au chef de gueules, chargé d'une Viure
d'argent : au troiſiéme de Havart, qui eſt de gueules, à
une Bande d'or accompagnée de ſix Coquiles d'argent,
trois & trois : au quatrieſme d'Eſtouteville , qui eſt
Burellé d'argent & de gueules, de dix Pieces, au Lyon
morné de ſable, brochant ſur le tout : au cinquieſme, de
Harcourt, qui eſt de gueules à deux Faces d'or : au ſixié-
me de Bourbon ancien : au ſeptieſme de Valois : au huitieſme de France : & ſur le tout de Bricqueville , qui eſt
Pallé d'or & de gueules de ſix pieces.

Eſtampes Valancé , Gironné d'azur & d'or , de cinq
pieces , au chef d'argent , chargé de trois Couronnes
Ducales de gueules.

Daillon, Comte du Lude , d'azur , à la Croix engreſlée d'argent.

Du Tillet, d'or, à la Croix pattée & alaiſée de gueules.

Montgomery, de gueules, au Chevron d'hermines,
accompagné de trois Lionceaux Leopardez d'or.

Balſac-d'Entragues, d'azur, à trois Sautoirs alaiſez
d'argent, au Chef d'or, chargé de trois Sautoirs d'azur.

Caſtriot-Scanderberg, de gueules, au pal d'azur pour
enquerir, chargé de trois Chaſteaux d'or , maſſonnez
de ſable, l'un ſur l'autre, & accotté de quatre pieds de
griffon d'argent.

Chasteau-Gonthier, d'argent, à trois Chevrons de gueules.

Levy, d'or, à trois Chevrons de sable.

Calletot, d'or, au Lion de gueules, accollé d'argent.

Roucy, d'or, au Lion d'azur.

Fosseux, de gueules, à trois Jumelles d'argent.

Paynel, d'or, à deux Faces d'azur, accompagnées de neuf Merlettes de gueules, 4. 2. 3.

Anglure, d'or, Découppé de gueules, femé de Grelots d'argent.

Villain, de fable, au Chef d'argent.

Amstel, d'or au Sautoir Efchiqueté de gueules, & d'argent, de deux Trais, à une Face de fable.

Bourdeilles, d'or à deux pieds de Griffon de gueules, onglez d'azur & pofez en contrebande.

Sainte-Aldegonde, d'hermines, à la Croix de gueules, chargée de cinq quinte-feüilles d'or.

Longueval, Bandé de gueules, & de Vair, de fix pieces.

Egmont, Chevroné d'or & de gueules.

Lalin, de gueules, à dix Lozanges d'argent, en pal, 3. 4. 3.

Mansfeld: efcartelé: au premier & quatriefme de gueules, à trois Faces d'argent: au fecond & troifiefme, de gueules, à neuf Lozanges d'argent en pal, 3. 3. 3.

Bailleul Doux-lieu, de gueules, au Sautoir de Vair.

Waftines, d'argent, à la Bordure d'azur.

La Motte de Blequin, d'or, à une quinte-feüille de fable.

Du Croc, d'argent, au Chevron de gueules, accompagné de trois Macles de fable.

Franquetot, de gueules, à la Face d'or, chargée de trois Eftoilles d'azur, accompagnée de trois Croiffants d'or.

Broc,

Broc, Sieur de Lezardiere, de fable, à la Bande fuzelée, de neuf pieces d'argent.

Du Val, Vicomte hereditaire de Corbeil, d'azur au Chevron d'argent, accompagné de trois fers de Lance de mefme, deux en chef, ayant la pointe en bas, & un en pointe, ayant la pointe en haut.

Mondragon, d'argent, à un Lion de finople.

Beau-jeu, d'or, au Lion de fable, armé & lampaffé de gueules: brifé d'un Lambel à cinq pendans de mefme.

Charles Turpin, Chevalier Seigneur de Villiers, Montrouveau, de Talemont & de Criffé, qui dans fes alliances conte la Royale Maifon de Dreux, & celles de Montmorency, de Thoüars, de Sancerre, de Clermont, de Laval-Pommereux, de la Roche-Guyon, d'Eftouteville, de Silly, de Chaftillon fur Marne, Chabot, Gouffier, & autres, porte Lozangé d'argent & de gueules.

Mafparot, Seigneur de Cheneviere, d'argent, au Lyon de gueules, enfermé d'un Orle, anillé de fable, accompagné de neuf Tourteaux de gueules, chargez d'autant d'Eftoilles d'or, auffi rangez en Orle; efcartelé d'or, à l'Aigle de fable, qui eft Charlet

De Mefmes, Seigneur de Malaffife & de Roiffi, efcartellé: au premier d'or, à un Croiffant montant de fable: au fecond & troifiefme d'argent, à deux Lyons Leopardez de gueules: au dernier d'or à une Eftoille de fable: au chef de gueules, & fur la pointe trois Ondes d'azur.

Abel Servien, Comte de la Roche aux Aubiers, d'azur, à trois Bandes d'or, au chef d'argent, chargé d'un Lyon iffant de gueules.

O

Georges Chriſtofle , Baron de Haſlaug, Plenipoten-
tiaire de l'Electeur de Bavieres, party, emmenché en
Lozange de deux pieces d'azur , & d'une & deux demy d'or.

Michel de Montagne , Seigneur du lieu, Chevalier
de l'Ordre de S. Michel ; Maire de Bordeaux, & Ci-
toyen Romain, qui mourut âgé de cinquante-neuf ans,
ſix mois & onze iours en l'an 1592. le treizieſme de
Septembre, d'azur, ſemé de Trefles d'or, à une Pate de
Lyon de meſme, armée de gueules, miſe en Face. C'eſt
ce grand Homme , qui n'a paru dans ces derniers
ſiecles , que pour nous faire voir que Nature encore feconde en prodiges , ne s'eſtoit point eſpuiſée
en la production de Plutarque & de Seneque : cette
ame ſi eſclairée qu'elle peut ſeruir de lumiere à toutes
les autres ; ce Philoſophe ſi détaché de toute Philo-
ſophie, ſi peu ſoüillé des opinions vulgaires ; ce Juge
ſi clair-voyant à connoiſtre de toutes choſes:c'eſt ce Montagne enfin, qui ſeroit admiré de tous les hommes égallement, ſi ſon elevation ſi fort au deſſus de l'Homme,
ne le déroboit à la debile veuë de pluſieurs.

Vivonne, d'hermines, au Chef de gueules.

Do, d'hermines, au Chef de gueules.

Saint Gelais , porte cinq Points d'azur, equipolez à
quatre d'argent; c'eſt à dire, que l'Eſcuſſon eſt diviſé en
neuf quarrez eſgaux, & que les quatre du coin, & celuy
du milieu ſont d'azur, & les quatre autres d'argent.

La Boullaye, d'azur, au Chevron d'or.

Brullon la-Muſſe du Pleſſis, d'argent, au Griffon de
ſable; party de Saincte-Marthe à cauſe de ſa femme.

De Thou, d'argent, au Chevron de fable, accompagné de trois groffes mouches de mefme.

Barberini, d'azur, à trois Abbeilles d'or, volantes en montant.

Beauclerc, Baron d'Acheres, Marquis d'Eftiaux & de Mirebeau, de gueules, au Chevron d'or, accompagné vers le haut de deux teftes de Loup, & d'un Loup entier, en pointe d'or, au chef coufu d'azur, chargé fur le milieu d'un Croiffant montant d'or.

Lefdiguieres, de gueules, au Lyon d'or, au chef coufu d'azur, chargé de trois Rofes d'argent.

Gontaut de Biron, efcartelé, d'Or & de Gueules.

Montluc, efcartelé; au premier d'azur, au Loup d'or; au quatriefme d'azur, à une Louve d'or; au fecond & troifiefme, d'or, à un Tourteau de gueules.

La Chaftre, efcartelé: au premier & quatriefme, de gueules, à la Croix d'argent, chargée de fix Pots de vair: au fecond & troifiefme de gueules, à trois teftes de Loup, arrachées d'argent.

Gamaches, d'argent, au chef d'azur.

Noailles, de gueules, à la Bande d'or.

Harlay, d'argent, à deux Pals de fable.

Bethune, d'argent, à la Face de gueules.

Sirmond, d'azur, à la Molette d'or, au Chef d'hermines.

De Sanlary-de Belle garde, d'azur, à la Cloche d'argent, bataillé de fable.

Lenoncourt, d'argent, à la Croix engreflée de gueules.

Thignonville, en Gaftinois, de gueules à 13. Macles d'or, 4. 4. 4. & une.

Meſſire Pierre de Sommieure, Chevalier Comte de Lignon, Capitaine de cent Chevaux Legers, puis Meſtre de Camp d'un Regiment de Cavalerie : eſcartelé, au premier, d'argent, à la Bande de gueules, à trois Coquilles d'or, qui eſt de Gaunes : au ſecond, eſcartelé d'or & de gueules, qui eſt d'Eſtrac : au troiſiéme, d'azur, au Chevron d'or, eſcartellé de gueules, à la Croix dentelée d'argent, qui eſt d'Alencourt ; & au quatrieſme & dernier quartier, de Damas, qui eſt de gueules, à la Croix ancrée d'argent : & ſur le tout de Sommieure, qui eſt d'azur, à deux teſtes de Cerf, l'une ſur l'autre en pal, d'or.

Pluvinel, d'azur, à un Homme d'armes à cheval, tenant l'Eſpée nuë & haute à la main dextre, d'or ; eſcarté d'azur, à un Flambeau d'argent poſé en barre, la flame en bas, d'or.

Machaut, d'argent, à trois teſtes de Corbeaux, arrachées de ſable, la chair de gueules.

Seguier, d'azur, à un Chevron d'or, accompagné de deux Eſtoiles de meſme en chef, & d'un Agneau d'argent, paſſant en pointe.

Teſtu, Chevalier du Guet, porte d'or, à trois Lyons de gueules, l'un ſur l'autre, celuy du milieu contre-paſſant.

Matignon, d'argent, au Lyon de gueules, couronné d'or.

Meſgrigny, d'argent, au Lyon de ſable.

De Lyonne, de ſable, au Lyon d'argent, armé & lampaſſé de gueules.

Chaſtaigner de la Roche-poſay, d'or, à un Lyon poſé de ſinople.

Le Page, d'azur, à un Chevron d'or, accompagné de trois Molettes de mesme; party de la Roche-posay, à cause de sa femme, Diane de Chastaigner de la Roche-posay.

Vantadour, d'argent, à un Lyon de gueules.

Farnese, d'or, à six fleurs-de-Lys d'azur.

Arnaut d'Andilly, d'azur au Chevron d'or, accompagné en chef de deux branches, ou rinceaux de Palme, & d'vne Montagne en pointe de mesme.

De Legue en Dauphiné, de gueules, semé de gouttes d'eau d'argent.

Joyeuse, d'azur, à trois Pals d'or, au Chef cousu de gueules, chargé de trois Hydres d'or.

Roche-Choüart, de gueules, à trois Faces nebulées, ou entées d'argent ; celle du Chef, brisée d'une Belette de sable.

Nicolaï, d'azur au Levrier d'argent, courant, accolé de gueules, bordé, & bouclé d'or.

Paschal, d'azur, à un Aigneau pascal, d'argent, tenant une Croix de mesme, d'où pend un petit Pennon, à deux pointes, chargé d'une Croix de gueules.

Colomne à Rome, de gueules, à une Colomne d'argent, sommée sur son chapiteau, d'une Couronne d'or, la baze, & le chapiteau de mesme.

Du Perron en Normandie, d'azur au Chevron d'argent, accompagné de trois Tours d'or.

Arpajou, de gueules, à la Harpe d'or.

Le Cardinal du Perron, d'azur au Chevront d'or, accompagné de trois Harpes de mesme.

Rohan, de gueules, à neuf Macles d'or, 3. 3. & 3.

Angennes, de fable, au Sautoir d'argent.

Bouqueval, d'argent, à la Croix de Lorraine de fable; écartelé d'or, à la Bande d'azur, chargée de trois Fleurs-de Lys d'or.

Annebaut, de gueules, à la Croix de Vair.

Pot, d'or, à la Face d'azur, au Lâbel de gueules en chef.

Eftiffac, d'azur, à trois Pals d'argent.

Foulé, d'Hermines, à la Face de gueules, & trois Pals d'azur, brochant fur le tout.

Gauville-Javerfi, de gueules, au Chef d'hermines.

Potier, Comte de Trémes & Marquis de Gefvres, d'azur, à deux Mains dextres, d'or, au franc-quartier, Efchiqueté d'argent, & d'azur.

Chafteau-neuf, d'or, à une Eftoille de gueules, de huit rayons.

Les Ducs d'Albe, Efchiqueté d'argent & d'azur.
Suilly, d'azur, au Lyon d'or, femé de Fleurs-de-Lys, de mefme.

De Moüy la Mailleraye, de gueules, Freté d'or.

Prunelay-Herbaut, en Touraine, de gueules à fix Befans d'or, 3. 2. & 1.

De Fourneaux-Ricarville, en Normandie, d'azur à une Bande d'or, accompagnée de fix Billettes de mefme.

Segrie-Morainville, d'argent, à une Croix engreflée de fable.

Montefpedon, de fable, au Lyon d'argent.

Piffeleu-Heilly, d'argent à trois Lyons de gueules.

De Bergues, fur l'Efcaut, de fable, au Lyon d'or, armé & lampaffé de gueules; party d'or, à trois Pals de gueules, l'Efcu couppé fur Synople, à trois Macles d'argent.

De la Viéville en Artois, Facé d'or & d'azur, de huit pieces; la premiere, chargée de trois Annelets de gueules en chef.

Vergy, de gueules, à trois Quinte feüilles d'or.

Charny, de gueules, à trois Efcuffons d'argent.

Meffire Jean Thibault, Chevalier, Seigneur de Cery, qui vivoit pendant le Regne de Philippes de Valois, qui luy donna part en fa faveur, & aux plus importantes affaires de l'Eftat; portoit de gueules, à la Face d'argent, chargée de trois Merlettes de fable; pour tenants deux Levrettes au naturel, pour Cimier, une autre demie Levrette de mefme; avec ce mot pour devife, *Fidelis*; Armoïries que l'on voit encore fur fa Tombe, où il eft reprefenté tout armé, dans la Chapelle de Nôtre-Dame, en l'Eglife de Cery prés de Compiegne; ayant à cofté de luy Dame Marie de Vé fa femme. De leur Mariage vint Guy Thibault, Chevalier Seigneur de Cery, qui époufa Dame Marie de Garges de l'Illuftre Maifon de ce nom, dont il eut Jean Thibault, Chevalier, Seigneur de Cery; Mary de Dame Marie l'Efcrivain, & Pere de Raoul Thibault, Chevalier Seigneur de Cery, Lieutenant pour le Roy dans Compiegne. Ce dernier eut deux femmes; la premiere fut Gillette Kerromp, fille d'un Gentil-homme de la baffe Bretagne, & Mere de Laurens Thibault, Efcuyer, Seigneur de Courcelles; & l'autre, Damoifelle Maline de la Cavelle, Mere de Jean Thibault, Efcuyer, Seigneur de Cery, dont la Pofterité eft demeurée à Compiegne dans les premieres dignitez de la Robe, & de l'Efpée. Pour Laurens Thibault fon aifné, il époufa Damoifelle Marie Pochon, fille de Pierre Pochon, Advocat du Roy à Senlis, & de Jaqueline Monſtourdier, dont il eut Meſſire Nicole Thibault, Chevalier, Seigneur de Courcelles, Beaurains, Montigny & S. Felix, Conſeiller au Parlement, puis Procureur General, Meſſire Laurens Thibault Chevalier, Seigneur de Bouville, & Marie Thibault, mariée en l'ancienne Maiſon des Aguenins le Duc. Nicole Thibault qui continua la lignée, épouſa Françoiſe Antonis fille de Robert Antonis, Eſcuyer, Seigneur de Barron, & de Marie de Harlus, dont il eut Marie Thibault, ayeulle de la Marquiſe de Gamaches, du Marquis de Fontenay-Mareüil, & de François de Montmorency, Marquis de Thury ; Anne Marie Thibault, ayeule de Meſſire René de Longueüil, Chevalier, Seigneur de Maiſons, Preſident au Mortier, & Sur-Intendant des Finances ; & Meſſire Pierre Thibault, Chevalier, Seigneur de Courcelles, Conſeiller du Roy en ſes Conſeils d'Eſtat & Privé, & Doyen des Maiſtres de la Chambre des Comptes à Paris. Celuy-cy épouſa Marie de Villiers de l'Iluſtre Maiſon de Villiers-Marchécreux, dont il eut Meſſire Nicolas Thibault, Chevalier, Seigneur de Courcelles, Conſeiller du Roy en ſes Conſeils d'Eſtat & Privé, Maiſtre ordinaire en ſa Chambre des Comptes à Paris, qui prit pour femme, Dame Françoiſe de Chaulnes, fille de Meſſire Anthoine de Chaulnes, Seigneur de Bure, Conſeiller du Roy en ſes Conſeils, Treſorier General de l'Extraordinaire des Guerres, & de Françoiſe Arnaud ſa femme. De leur mariage ſont ſortis entr'autres enfans, trois fils & une fille ; Le premier eſt Meſſire Nicolas Thibault, Chevalier, Seigneur de Courcelles, de Maimbeville, & Luchy, Conſeiller du Roy, & Commiſſaire ordinaire des Guerres, ayant la conduitte & police

de la

de la Compagnie de 200. Chevaux Legers , & de 100. Mousquetaires à Cheval de la garde du Roy, qui a plusieurs enfans de Dame Jeanne de Laval sa femme. Le second est Messire Pierre Thibault, Chevalier, Seigneur de Marché-creux, qui de sa femme Dame Marie de Roquetun-la-Tour eut deux Fils, Messire Pierre Thibault, Chevalier, Seigneur de Villiers, & Messire Claude Thibault, Chevalier, Seigneur de Cury, decedé Capitaine au Regiment de Champagne, le dernier de Mars 1658. âgé de vingt deux ans , apres avoir dignement servi six Campagnes de suitte en Cathalogne. Le troisiesme est Messire Hierosme Thibault, Chevalier, Seigneur de Beaurains, Conseiller du Roy en ses Conseils d'Estat & Privé, Maistre ordinaire en sa Chambre des Comtes à Paris, qui n'a point d'enfans de sa femme, Dame Françoise Brissonnet, fille de Messire Alexandre Brissonnet, Seigneur de Glatigny, & de Françoise Menard, fille de Charles Menard Conseiller au Parlement, & de Françoise Besançon. La fille est Dame Madelaine Thibault, femme de Maistre Edoüard de Ligny, Seigneur de Rantilly, Conseiller du Roy, Tresorier des parties Casuelles de sa Majesté, dont elle a eu treize enfans.

Messire Abel de Sainte Marthe, Conseiller du Roy en ses Conseils d'Estat & Privé, Garde de la Biblioteque de Fontaine-Bleau, & son Conseiller en sa Cour des Aydes à Paris, fils d'Abel, petit fils de Scevolle de Sainte Marthe, si fameux par leurs Ouvrages de Prose & de Vers; d'argent, à trois fuzées & deux demy de sable, rengées en Face, dressées en Pal, au Chef aussi de sable; party d'azur, au Chevron d'or, accompagné de trois Tours de mesme, Massonnées, Bretessées & ouvertes de sable, qui sont les Armes de sa premiere femme, Dame Marie de Corberon, fille de Messire Nicolas de

Corberon, Conseiller du Roy en ses Conseils, Maistre ordinaire des Requestes de son Hostel, Intendant de la Justice & Finances, és Generalitez de Limoges, Saintonge & païs d'Aunis, & de Dame Marie le Bel sa femme.

Cornüel, d'azur à la Croix d'argent, chargée en abysme d'une Levrette de sable, passante.

Doré, d'azur à la Face d'or, accompagnée de trois Estoiles d'argent.

Pomereul, d'azur, au Chevron d'or, accompagné, de trois Pommes aussi d'or, feüillées & caudées de mesme.

Jean Julien Phelippe, Escuyer Seigneur de Billy, Conseiller du Roy en sa Cour de Parlement, fils de Vincent Phelippe de Billy, Escuyer, Seigneur de Bonainville, Conseiller du Roy, Auditeur ordinaire en sa Chambre des Comptes, & de Dame Marie le Clerc; de gueules, à la Croix dantelée d'argent. Lors qu'il escartele, c'est au premier & quatriéme d'argent, au Chevron de gueules, accompagné de trois Glands & trois Olives de sinople couplez, un Gland & une Olive, & liez de gueules, au chef d'azur, chargé de trois Estoiles d'or : au second & troisiéme, vairé d'or & d'azur, à trois Faces de gueules : & sur le tout de Phelippe, qui est de gueules, à la Croix dentelée d'argent ; pour supports, deux Levrettes, & une demie pour cimier, & trois dix, gravez sur son collier, avec ces mots pour devise, *je me contante*. Ceux de cette famille décendent de Messire Rollant Phelippe, Chevalier, Seneschal universel de Bretagne, où ses Ancestres estoient des plus considerables, par leurs Terres & leurs Emplois, comme l'on voit plus au long dans l'Histoire du Martyrologe des Chevaliers de Malthe, du Pere de Goussancourt Celestin.

Varoquier, ou Waroquier, Maison noble, & ancienne originaire d'Artois, porte d'azur, à une Main dextre d'argent, Apaumée, & posée en Pal : Armes que Eudes Duc de Bourgogne donna à Messire Jean de Waroquier, le faisant Chevalier d'Artois, pour avoir fait de sa main des actions heroïques, en un combat contre Robert d'Artois, Comte de Beaumont le Roger, devant S. Omer, au mois de Juillet 1340. luy changeant les anciennes Armes de sa Maison (qui estoient de sinople à trois Croissans d'argent.) Voicy une deduction sommaire de la ligne directe de ceux de cette Famille, extraite de leur Genealogie, faite & attestée, par les Roys d'Armes & Heros du Duché de Brabant & du Comté d'Artois. Elle commence à Robert de Waroquier, Escuyer Seigneur du Bos de Péelu ; terre dont il fit échange avec Messire Anguerant Seigneur de Coucy, & Doizy, premier Admiral de France, au mois de Decembre 1284. Mais il est incertain si celuy qui suit Messire Jacques de Waroquier Chevalier, fut son fils ou son frere. Quoy qu'il en soit Jacques de Waroquier épousa Jeanne de Beaumont, de la Maison de Beaumont, qui est tombée par les femmes en celle de Croüy & d'Aramberg, Prince de Chimay, & Comte de Beaumont, & d'elle eut Jacques de Waroquier, Escuyer Seigneur de Planques. Celuy-cy prit pour femme Marie d'Esne, & d'elle eut deux fils (Jacques de Waroquier, Chevalier Seigneur de Plancques, marié à Michelle de Liancourt, dont la Posterité demeura dans les Païs-bas) & Pierre de Waroquier, Escuyer, marié à Jeanne de Louvigny : De ce Mariage sortit Jacques de Waroquier, Capitaine signalé sous le Duc de Bourgogne en l'année 1317. & les suivantes, qui épousa Marie de Soüastre, dont il eut Messire Jean de Waroquier, qui fu

fait Chevalier d'Artois par Eudes Duc de Bourgogne. Il
époufa Jeanne de Croifilles, dont il laiffa Jean de Waroquier Chevalier, marié à Jeanne de la Motte, Pere de
Jean de Waroquier Chevalier, Seigneur de la Motte, qui eut
pour femme Jeanne de Caumont, & pour fils Louis de
Waroquier, Seigneur de la Motte, & de Mericourt. Louis
de Waroquier époufa Marie de Wignacourt (fille de
Meffire Louis, dit Sohier, Seigneur de Wignacourt &
Dourton, & d'Alix de Bernemicourt fon Efpoufe ; duquel mariage vint VVaft de VVaroquier Efcuyer, Seigneur de Mericourt, Capitaine Lieutenant d'une Compagnie d'hommes d'Armes, qui mourut de bleffures reçeuës
au Siege de Saint Paul en Artois l'an 1537. & fut inhu-
mé en l'Eglife & Monaftere des Nonnes de Saint Miel de
Dourlens, fuivant fon Teftament. De fa femme Anne
du Molinet, il laiffa François de VVaroquier, Efcuyer,
Seigneur de Mericourt, Commiffaire ordinaire des guerres, & de l'Artillerie de France, fous les Roys François
Premier & Henry Second, marié à Anne Thibault. On
a crû jufques icy que Anne Thibault eftoit fille de Laurens
Thibault, Efcuyer Seigneur de Cery en Valois ; Maifon
Illuftre, dont nous avons parlé cy-devant. Mais eftant jufti-
fié par les titres des Seigneurs de Cery, que ce Laurens Thibault n'eut point de fille nommée Anne, il eft infaillible que
cette Dame eftoit d'une autre Famille, qui n'avoit rien de
commun que le nom, avec celle des Seigneurs de Cery.
Ce François de VVaroquier mourut de fiévre chaude, au
Prieuré de Saint Nicolas d'Arcy prés Senlis (où il fut in-
humé le vingt-quatriefme Aouft 1554.) venant de l'armée en Cour, comme il fe voit par fon Epitaphe qui y eft
en vieilles rimes Françoifes. De leur mariage nafquit

François de Waroquier, Escuyer, Seigneur de Mericourt
& de Combles, Conseiller & Secretaire ordinaire de la Reine
Catherine de Medicis, qui épousa Claude Pinon, sœur de
Jean Pinon, Conseiller & Auditeur en la Chambre des
Comptes, cousine germaine de Messire Jacques Pinon,
Seigneur de Vitry, decedé Doyen des Conseillers du Parlement, & petite Niece de Messire Laurens Pinon Eves-
que d'Auxerre en 1 4 3 4. Chef du Conseil d'Estat, & de
Conscience, de Philippe le Bon, Duc de Bourgogne,
qu'il accompagna & assista au Traité d'Arras, commencé
le premier jour de Juin 1435. comme il se voit dans le
Journal qui en a esté imprimé, page 10.98. & notamment en
celle cottée 195. Du Mariage de François de Waroquier second du nom, & de Damoiselle Claude Pinon, vinrent
deux fils, Augustin VVaroquier, Seigneur de Combles puis-
né, decedé sans avoir esté marié : & René de VVaroquier
Escuyer, son aisné, qui fut premierement en sa jeunesse
homme d'armes de la Compagnie de Monsieur le Duc
d'Angoulesme, lors grand Prieur de France ; puis la paix
estant faite, Conseiller du Roy, & Tresorier de la Cour des
Aydes. Il espousa Françoise Hardy & fut enterré avec elle,
joignant le tôbeau de François de VVaroquier & Claude Pinon son Pere & sa Mere, dans l'Eglise de Saint Nicolas des
Champs derriere le Cœur, où les inscriptions & les figures
de leurs monuments egallement belles, font vivre leur memoire & leurs noms. Du mariage de René de VVaroquier, &
de Françoise Hardy n'est venu que Mre François de VVaroquier Chevalier Conseiller du Roy en ses Conseils, Maistre ordinaire de son Hostel, Tresorier General de France,
& grand Voyer en la Generalité de Paris, qui a espousé
Marie Phelippe de Billy, fille de Vincent Phelippe, Sei-

gneur de Billy, Escuyer, Conseiller du Roy , & Doyen des Auditeurs de la Chambre des Comptes, & sœur de Monsieur Maistre Jean Julien Phelippe de Billy, Conseiller au Parlement. De leur mariage sont issus quatre fils, & cinq filles; dont il ne restoit en l'année 1655. qu'un fils & deux filles, Louis de VVaroquier, Laurance de VVaroquier, fillolle de feu Madame la Connestable de Montmorency, & de Monsieur le Marquis de Wignacourt son cousin paternel, & Denise de VVaroquier. Mre François de VVaroquier leur pere, escartele, quelque fois ses armes au premier d'argent, à trois Fleurs-de-Lys de gueules , au pié nourry, ou coupé, qui est de Wignacourt : au second d'azur au Chevron d'or, accompagné de trois pommes de Pin de mesme, qui est de Pinon : au 3. des armes de Thibault de la Famille d'Anne Thibault cy dessus : au 4. d'argent à 3. Nilles ou Fers de Moulin, de sable , qui est du Moulinet, sur le tout de VVaroquier.

Beaumont, de gueules , au sautoir d'argent.

Esne, de sable, à dix Lozanges d'argent.

Louvigny, de gueules, au Lyon d'argent, l'Escu semé de Billettes de mesme.

Soüastre, de sinople, Freté d'argent de six Pieces.

Croisilles, de gueules, à dix Lozanges d'or.

La Mothe, d'or, au Croissant d'azur, enfermé d'un double Trescheur, fleuronné & contre-fleuronné de sinople.

Caumont, de gueules, à trois Molettes d'Esperon de cinq pointes d'or, l'Escu semé de Croix recroisetées, au pied fiché de mesme.

Wignacourt, d'argent, à trois fleurs-de-Lys, de gueules, au pied nourry.

Bernemicourt, escartelé ; au premier & quatriesme d'azur,

au Chef d'argent ; au second & troisiefme de fable , femé de fleurs-de-Lys d'or , qui eft Belle Fourriere.

Du Molinet, d'argent, à trois fers de Moulin de fable.

Pinon , d'azur , au Chevron d'or , accompagné de trois pommes de Pin de mefme.

Hardy , d'azur , au Lyon d'or, lampaffé de gueules.

Le Camus , de gueules , à un Pelican dans fon aire , avec fes petits , le tout d'or , au chef coufu d'azur , chargé d'une fleur-de Lys d'or.

Phelipeaux, d'argent, à trois Lezards de finople montans.

Tournon, femé de France, party de gueules, au Lyon d'or.

Molé , Efcartelé : au premier & quatriefme , de gueules , au Chevron d'or , accompagné en chef de deux Eftoilles de mefme , & d'un Croiffant d'argent en pointe : au fecond & troifiefme, d'argent , au Lyon de fable , couronné & lampaffé d'or.

Meffire Pierre d'Auger , Chevalier , Seigneur de Cavoy, Grand Prevoft de Guyenne , Enfeigne au Regiment des Gardes, d'or, à la Bande de fable , chargée de trois Lyonceaux d'argent. Il fit deux Campagnes en Hollande, deux en Flandres, & fut tué à la bataille de Lens en 1648. d'un coup de moufquet en la tefte, au lieu où le nez fe joint avec le front, âgé de 20. ans feulement. Son corps fut porté à Lens, & enterré dans l'Eglife des Recolets. On peut dire de luy , que jamais homme ne fut mieux fait d'efprit & de corps, & n'eut l'ame naturellement plus belle , & plus portée à la vertu.

Monfieur Maiftre Denis Royer, Confeiller du Roy en fa Cour de Parlement, & Seigneur des Eftangs, & du Breüil, d'azur, à deux Lyons d'or , affrontez , armez & lampaffez de gueules, au chef d'une Colombe rayonnante d'argent, ayant au bec un rameau d'Olive.

Meſſire Louis Girard, Conſeiller du Roy en ſes Conſeils d'Eſtat & Privé, Maiſtre des Requeſtes ordinaires de ſon Hoſtel, & Procureur General en ſa Chambre des Comptes, Seigneur d'Eſpinay ſur Seine, Ville Taneuſe, & autres lieux, qui mourut à Paris le 20. de Juin 1646. & fut enterré à S. Germain de l'Auxerois, d'argent, à la Face de gueules, chargée d'un Leopard couronné d'or, & en pointe une quintefeüille d'azur, eſcartelé d'or, à trois Macles de ſable : party de Royer, à cauſe de ſa femme.

Meſſire Louis de Faucon, Chevalier, Seigneur de Rys, Conſeiller du Roy en ſes Conſeils d'Eſtat & Privé, & premier Preſident en ſa Cour de Parlement de Roüen, eſcartelé : au premier & quatrieſme de gueules, à une patte de Lyon d'or, perie en bande : au ſecond & troiſieſme de Bucelly, qui eſt d'argent à la Bordure engreſlée de ſable, au Bœuf effrayé de ſable, accollé d'un Eſcuſſon d'argent, à la Croix de gueules, qui eſt de S. Roch : Il partit auſſi de Royer, à cauſe de ſa femme.

Meſſire Nicolas Cottignon, Chevalier Seigneur de Chauvry, Conſeiller du Roy en ſes Conſeils d'Eſtat & Privé, Premier Preſident en la Cour des Monoyes, cy devant Conſeiller en la Cour de Parlement, d'azur, au Sautoir d'or, accompagné en chef d'une molette d'Eſperon de meſme; auſſi party de Royer, à cauſe de ſa femme.

Meſſire Iſaac Thibault de Courville, Chevalier, Seigneur de-Belle-Iſle, Surintendant des Maiſons & affaires de ſon Alteſſe, Henry de Bourbon, Eveſque de Mets, aujourd'huy Duc de Verneüil, de Pourpre, au Signe d'argent, Chappé d'azur, ſoutenu de deux Lycornes; & pour cimier un Cigne au naturel, au vol eſtendu, avec ce mot pour Deviſe, *Candidus;* l'Eſcu environné du Collier des Chevaliers de noſtre

Dame

Dame du Mont Carmel, ou de S. Lazare de Hierusalem, dont il estoit Doyen en France.

Messire Aymard de Bourdelet, Chevalier Seigneur de Montalet, Bagneaux, & Naucré, fils de Messire Charles de Bourdelet, Chevalier, Seigneur de Montalet, Gouuerneur de Senlis, & Capitaine des Mousquetaires à cheval de la Garde du Roy Louis XIII. d'azur, au Chevron d'or, accompagné de trois Estriers de mesme ; party d'azur, à deux Lyons d'or, affrontez, armez & lampassez de gueules, au chef de Pourpre, chargé d'un Signe d'argent, & chappé d'azur, à cause de sa femme, Dame Jeanne Royer.

Jacquet, d'or, à la Face cannelée de gueules, surmontée d'un Cerf de mesme regardant, sommé de douze Cors au naturel, party de sable, à la Bande d'argent.

Grosset, d'argent, à neuf Trefles de Sinople, rangez en Croix.

Des-Rées, d'or, Freté de sinople, de six pieces, à la Face d'argent.

L'Estourge, couppé d'argent sur Pourpre, au Cyprés de sinople en pal.

L'Espinasse, d'or, à trois Lozanges escartelées de sable & de gueules.

Caveron l'Ancien, d'azur, à la Face tronçonnée de six pieces d'or.

De Grand-lieu, d'or, au Pal viuré de sable,

Roquetun-la-Tour, de sinople, à deux Tours d'or, massonnées de sable en pal, à la Face d'azur, brochant, sur le tout, chargée d'un Croissant d'argent en abysme, & de deux Estoilles de mesme.

Messire Jacques de Sallo, Chevalier, Seigneur de Beauregard, Conseiller du Roy en sa grand' Chambre au Parlement, de gueules, à trois Fers de lance mornés d'argent; que d'autres appellent Roquéts, ou Rocqs d'Eschiquier, party de sable, à trois Chevrons Brisez d'or, à cause de Dame Marguerite Viole, sa femme, fille de Messire Nicolas Viole, Chevalier, Seigneur de Hautes loges, Conseiller du Roy en son Parlement & grand' Chambre, & de Marguerite des Cordes. Par fois il escartele de dix, qui est party de quatre, couppé d'un : au premier, de Viole : au second de Brisson, qui est d'azur, à trois Fuzées d'or, posées en face, dressées en pal : au troisiesme, de Maynard, qui est d'argent, fretté d'azur : au quatriesme, de Granges au cinquiéme, de Robert Lezardiere : au sixiesme, de Buor de la Mothe-Frelon : au septiesme, de Poitevin la Floranciere : au huitiesme, de Roüaud l'Isle Bernard : au neufiesme, de Roiraud : au dixiesme, de Surgeres, qui est de gueules, freté de vair; & sur le tout de Sallo. Il a laissé entre-autres enfans, Messire Denis de Sallo, Chevalier, Seigneur de la Coudraye, Conseiller du Roy en sa Cour de Parlement, & Commissaire aux Requestes du Palais decedé en 1669. Mre Claude de Sallo, Chevalier, Seigneur de la Cornetiere, aussi Conseiller du Roy en sa Cour de Parlement ; & Mre René de Sallo, Chevalier Seigneur de Beauregard, Lieutenant au Regiment des Gardes decedé en 1666. qui suivoit la profession des armes, à l'exéple de ses Ayeuls, qu'elles ont fait connoistre avec estime dés l'an 1304. comme il est justifié plus au long, dans leur Genealogie, que Monsieur Bely, Advocat du Roy à Fontenay le Comte, a dressée.

Hacqueville, Seigneur de Harmanville, d'argent, au Chevron de sable, chargé de cinq allerions d'or, accompagné de trois Testes de Paon, d'azur.

Saget, Conseiller en Parlement, d'azur, à la face d'argent, chargée de trois Croisettes de gueules.

Boucher-Piscop, Maistre des Requestes de l'Hostel du Roy, de gueules au Lyon d'or, l'Escu semé de Croisettes d'argent.

Poignant, Seigneur d'Athis, Maistre des Requestes; d'argent, au Chevron de sable, accompagné de trois Macles de mesme.

Guy de Cailly, Vicomte de Carantay, de gueules, à trois Testes de Cherubin, d'argent.

Plumé de Guierville, d'argent, à trois Testes de Paon, arrachées de sable, au chef d'or, chargé de quatre Lozanges de gueules.

Caille, d'azur, au chef d'argent, chargé de trois Cailles au naturel.

Albisse du Soleil, en Lyonnois, de sable, à deux grands Anneaux d'or, l'un dans l'autre.

Bailly-Douzeraux, de gueules, à la Croix eschiquetée d'un trait, d'or & d'azur, & cantonnée de quatre bus de femme, d'argent.

L'Allemant de Vousay, de gueules, au Chevron d'argent, à trois Roses d'or,

Pehemol, Maistre des Requestes, d'azur, au Chevron d'argent, accompagné en chef de deux Coquilles d'or, & en pointe d'un Lyon de mesme.

La Grange-de-Trianon, de gueules, au Chevron d'argent, chargé d'une viure de sable, accompagné de trois Croissans d'or.

Chambon de Soullaires, escartellé; au premier & quatriesme, d'azur, à la Tour d'argent, massonnée de sable; au second & troisiesme aussi d'azur, à la Croix d'or, accompagnée de quatre Croisettes arrondies par les bouts, & percées en Cœur, d'argent.   Q ij

Thumery, d'or, à la Croix engreſlée de ſable, accompagnée de quatre Tulippes au naturel, jaunes, noüées de ſinople.

Galoppe, d'argent, à la Face de gueules, chargée d'une Roſe d'argent, accompagnée de trois grappes de Raiſin, d'azur.

Pié-de-fer, eſchiqueté d'or & d'azur, de cinq Traits.

Guyot, Preſident des Comptes à Paris, d'or, à trois Papegaux de ſinople, membrez & colletez de gueules.

Belleau-Bataille, d'or, à la Face d'azur, chargée d'un Croiſſant en cœur, & de deux Eſtoilles d'or, accompagnée en chef de trois Roſes de gueules, & en pointe d'une hure de Sanglier aux deffences d'argent, miraillée de gueules.

Buſſi de Merval, eſcartelé; au premier & quatriéſme, d'or, à onze Billettes de gueules 4. 3. 2. & 1. au ſecond & troiſiéſme, auſſi d'or, au Renard en bande de ſable.

Pouſſepin, d'azur, à la Face d'or, accompagnée en chef de trois Eſtoilles, & en pointe d'un Lyon de meſme.

De Greſſy-l'Eſcuyer, d'azur, au Chevron d'argent, chargé de cinq Roſes de gueules, accompagné de trois Eſtoiles.

Meſſire Jacques Vallée, Chevalier Seigneur des Barreaux, Maiſtre des Requeſtes & Preſident au Grand Conſeil, eſcartelé; au premier & quatriéſme de gueules, à trois quinte-feüilles d'argent: au ſecond & troiſiéſme d'argent, & ſur le tout d'argent, à trois Tourteaux de gueules.

De Sernac, de gueules, au Loup rampant d'or, allumé de gueules, & onglé de ſable,

Breban, d'argent, à l'Eſtoille de gueules en abyſme, & trois Merlettes de meſme.

Du VVault-de-Plainville, d'azur, à trois Bandes d'or.

Thibailler d'Angluſe, d'azur, au Chevron d'or, accompagné de deux Croiſſans, tournez & contournez d'argent,

& d'un Oignon de Lys en pointe, de mefme.

Jean de Baillon, Seigneur de Loüans, de gueules, au Mufle de Leopard, d'or, baillonné d'un Anneau.

Antonis, d'argent, au Chevron de gueules, accompagné en pointe d'un Pourcelet de fable. Il y en a eu deux de ce nom, Confeillers de la Cour des Aydes, & plufieurs autres Seigneurs de Baron, du Perreaux, de Maifon Neufve, & de Gournay, qui ont leur fepulture en leur Chappele, aux Cordeliers à Paris.

Le Fuzelier, d'or, à la Face d'Orleans, que quelques uns accompagnent de trois Chauffes-trapes de fable.

Pochon, d'azur, à la Croix encrée d'or.

L'Enfant, d'argent, au Sautoir de gueules, chargé de huit Eftoilles d'or, & d'un Efcuffon en abyfme d'azur, au Soleil d'or; party des armes de fa femme. N.   le Page, qui porte efcartelé; au premier & quatriefme d'azur, à un Chevron d'or, accompagné de trois Molettes de mefme, & au fecond & troifiefme de Polonçeau, qui eft de fable, à un Onçeau d'or.

Babinet, d'or, à trois Merlettes de fable.

Charlot, d'argent, à quatre Levrettes de gueules en Sautoir, la Tefte tournée en Cœur, vers une Hure de Sanglier, de mefme; efcartelé d'azur, à la Croix d'or, cantonnée de quatre Coquilles d'argent.

Meffire Pierre d'Agueffeau, Chevalier, Seigneur de la Mothe, & de Puifeux, d'azur, à deux Faces d'or, accompagnées de fix Coquilles d'argent, trois en chef, deux au milieu, & une en pointe; efcartelé de gueules, à une Face d'argent, chargée de trois Aigles de fable, accompagnée en chef de deux Cottes d'armes d'argent, rayées de fable, & en pointe d'une Griffe, ou Main d'Aigle d'argent, qui eſt de Raguenauld-de-Rabeyne en l'Iſle d'Oleron : pour ſuports, un Triton, & un Aigle, & pour cimier un Triton.

Charpentier, d'azur, à la Bande eſchiquetée de trois Traits d'argent & de gueules, accompagnée de deux Lycornes ſaillantes, d'argent.

Courcier, d'azur, au Chevron d'or, accompagné en chef d'une Coquille & de deux Roſes d'or mal rangées, & d'un Croiſſant d'argent en pointe.

Le Fébvre, d'azur, au Chevron d'or, accompagné de deux Croiſſans, montans de meſme en chef, & d'une Eſtoille d'argent en pointe.

La Haye Malaguet, d'argent, à une Haye de ſinople, perie en face.

Merault, d'azur, au Chevron d'or, accompagné de trois Molettes d'Eſperon d'or ; celle de la pointe, ſurmontée d'une Merlette d'argent,

Marquet, d'or, à la Croix de ſinople.

Les Comtes de Pagan, originaires du Royaume de Naples, où les Ducs de Terre-noüe, & les Princes de l'Eſporane ſont encore de leur Race, portent Bandé d'or & d'azur de ſix pieces, au Chef de Bretagne, chargé d'un Lambel de gueules, à la Bordure camponnée de France, Naples, & Jeruſalem.

Du Pleſſis-vernet, Eſcuyer ordinaire du Roy, d'azur, au Chevron d'or, accompagné en Chef de deux Eſtoilles de meſme, & en pointe d'un Cheval paſſant d'argent, bardé de gueules.

Le Bel, de gueules, à trois Barbeaux d'or en face.

Bury, d'azur, au Chef d'argent, chargé de trois Merlettes de ſable.

Meſſire Georges de Scudery, Chevalier, Seigneur

d'Imbarville, Gentil-homme ordinaire de la Chambre du Roy, Gouverneur du Fort de Noftre-Dame de la Garde, & Capitaine entretenu fur les Galeres de fa Majefté ; de gueules , au Lyon rampant d'or, efcartelé de Martel, qui eft d'or, à trois Marteaux de gueules, deux en Chef & un en pointe. Je ne diray rien à l'avantage d'un fi Grand Homme, puis que fes Ouvrages l'ont fait affez eftimer par tout le Monde; bien que l'on femble témoigner qu'on le méconnoift, lors que l'on en parle fans Eloge.

Monfieur Maiftre Philippeaux de Pont-Chartrin, Confeiller du Roy en fa Cour de Parlement, & Commiffaire aux Requeftes du Palais, d'azur, femé de Rozes d'or, au canton d'hermines, écartellé d'argent, à trois Lezards de finople 2. 1.

Monfieur Maiftre le Clerc de Courcelles, petit fils de Dame Michelle d'Aleffo , iffuë de Brigide Martotille fœur de Saint François de Paulle, porte de gueules, a un Lyon d'or, iffant d'un Croiffant de mefme.

Monfieur Maiftre Pierre Martineau, Confeiller du Roy en fa Cour de Parlement, & Commiffaire aux Requeftes du Palais, d'azur, à un demy vol d'argent, au Chef d'or, chargé d'un Croiffant, & de deux Eftoilles de fable, party d'azur, à trois Merlettes d'or, à caufe de Dame Françoife de Bordeaux fa femme. Comme il feroit inutile de faire fon Eloge , puis que le Public le fait continuellement, je me contenteray de dire , qu'il a le brillant & le follide, l'imagination & le jugement, au degré le plus élevé.

Sanguin, d'azur, à la bande d'argent, accompagnée en Chef de trois glands d'or, & en pointe de deux pieds de Griffon de mefme, & de trois Rozes d'argent, periffantes dans les bords de l'Efcu.

Monſieur Maiſtre François Lotin, de Charny Conſeiller du Roy en ſa Cour de Parlement, eſchiqueté d'argét & d'azur.

Monſieur Maiſtre Alexandre Pétau, Conſeiller du Roy en ſa Cour de Parlement en la Grand' Chambre, écartelé : au premier & quatriéme d'azur, à trois Rozes d'argent, deux & une, au Chef d'or chargé d'une Aigle naiſſante de ſable : Au deuxieſme & troiſieſme d'argent, à une Croix pattée de gueules. Party de Broé, à cauſe de Dame Magdelaine de Broé ſa femme, qui eſt d'azur à l'Eſtoille d'or en Abyſme, au chef d'or, chargé de trois Trefles de ſinople.

Monſieur Maiſtre Hugues Graſſeteau, Conſeiller du Roy en ſa Cour de Parlement, d'azur à trois Bandes d'or.

Monſieur Fayet, Conſeiller du Roy en ſa Cour de Parlement en la Grand' Chambre, d'azur à la face d'or, chargée d'une autre face de ſable, auſſi chargée d'une Coquille d'argent, & accompagnée en Chef d'un Levrier courant, de gueules, & en pointe de trois l'ozanges d'or, poſées en Face.

Monſieur Gillot, Conſeiller du Roy en ſa Cour de Parlement, d'azur à trois Papillons d'or.

Monſieur Gilbert, Seigneur de Voiſins, Conſeiller du Roy en ſa Cour de Parlement, d'azur, à la Croix engreſlée d'argent, accompagnée de quatre Croiſſants montants d'or.

Monſieur de l'Eſtoille, Conſeiller du Roy en ſa Cour de Parlement, d'azur, à une Eſtoille d'or.

Monſieur Maiſtre Nicolle de Beze, Conſeiller du Roy en ſa Cour de Parlement, de gueules à la face d'or chargée de trois Rozes d'azur, & accompagnée en pointe d'une Clef d'argent, poſée en pal.

Meſſire

Meſſire Charles le Roy de la Potherie, Conſeiller du Roy en ſa Cour de Parlement, puis ſucceſſivement Procureur du Roy au Chaſtellet, Maiſtre des Requeſtes de ſon Hoſtel, Intendant de la Juſtice & Police en Provance, Normandie, Champagne, Picardie, & Anjou, Conſeiller du Roy en ſes Conſeils d'Eſtat & Privé, dont il mourut Sous-Doyen en Novembre 1661. Magiſtrat dont la penetration & la capacité, l'exactitude & la diligence, la fermeté & l'integrité, eſtoient au de là de toute croyance: portoit d'azur au Chevron d'or, accompagné de trois ombres de Soleil, de meſme. Il a laiſſé deux fils, Meſſire Claude le Roy de la Potherie, Chevallier Conſeiller du Roy en ſes Conſeils d'Eſtat & Privé, Preſident à Mortier au Parlement de Mets; & Meſſire Robert le Roy de la Potherie, Chevallier Seigneur de Champ-de-Manche & de Mancy, qui le repreſentent parfaittemét en tout ce qu'il eut de grandes qualitez.

Meſſire André de Pajot, Chevallier Conſeiller du Roy en ſes Conſeils d'Eſtat & Privé, premier Preſident en la Cour des Monoyes, portoit écartellé: Au premier, d'azur, à la face d'or, accompagnée de trois Aigles à deux teſtes, au vol eſployé d'or : au ſecond, d'or à trois teſtes de Cocq, de ſable arrachées & contournées, creſtées & barbées, de gueules : au troiſieſme, d'or, moucheté d'Hermines, à la bande de gueules, chargée de trois Cocquilles d'or : au quatrieſme, d'azur, à trois Eſpées d'argent, à gardes d'or, poſées en contre bande, ſur le tout d'azur, au Chevron d'argent, accompagné de trois Roſes d'or. Equitable Juge & parfait amy, il rendoit la Juſtice, comme ſi dans le Tribunal, il n'euſt pû cognoiſtre perſonne, & ſçavoit obliger & ſervir, comme ſi dans la ſocieté Civille, il euſt cognû tout le monde enſemble. Il a laiſſé quatre fils dont l'Aiſné eſt Monſieur

S

Maistre René de Pajot, Conseiller du Roy en sa Cour des Aydes, en la personne desquels non seullement il revit, mais aussi il est encore le mesme, pour rendre à chacun, la perte qu'on a fait en luy, moins sensible ou plus regretable.

Messire François de la Mothe le Vayer, Conseiller ordinaire du Roy en ses Conseils d'Estat & Privé, porte escartellé : au premier & quatriesme, d'or, à trois faces de sinople, à la bordure de gueules, qui est la Mothe ; au 2. & 3. d'argent, à quatre faces de sable, au Lyon de gueules, brochant sur le tout, qui est de Brie : Sur le tout de gueules, à la Croix d'argent, chargée de cinq Tourteaux de gueules. Il s'est rendu celebre par une infinité de rares Ouvrages qu'il a donnez au public ; mais il n'a rien produit de plus achevé ny de plus accomply, que son fils unique, Messire François de la Mothe le Vayer Abbé de Bouillasse, dont la mort trop prompte, a privé la France, d'un des plus beaux Esprits, qui ayt jamais esté.

Messire François le Vayer, Conseiller du Roy, Lieutenant General au Presidial du Mans, decedé en reputation de Sainteté, portoit de gueules, à la Croix d'argent, chargée de cinq Tourteaux de gueules. Il eust pour fils & pour successeur Messire René le Vayer, Conseiller du Roy en ses Conseils d'Estat & Privé, Lieutenant General au Presidial du Mans, Intendant de la Justice Police, & Finances pour Sa Majesté dans l'Artois, qui fut Pere de cinq fils : Messire François le Vayer, Conseiller du Roy en ses Conseils, Lieutenát General au Presidial du Mans, mary de Dame Renée le Boindre, sœur de Monsieur Maistre Jean le Boindre, Conseiller du Roy en sa Cour de Parlement : Messire Michel le Vayer, Abbé Doyen de l'Eglise Cathedralle du Mans ; Messire Jacques le Vayer Conseiller du Roy en ses Con-

feils, Lieutenant General au Prefidial du Mans : Meffire
Roland le Vayer, Seigneur de Boutigny, Confeiller du Roy
en fes Confeils d'Eftat & Privé, Maiftre ordinaire des Requeftes de fon Hoftel, dont l'eloquance qui paffe pour un
Miracle de l'Art & de la Nature, eft accompagnée de tant
d'autres vertus, qu'on ne fçait, ce qu'on doit le plus admirer en luy : Et Meffire Charles le Vayer, Docteur de Sor-
bonne. Cette Famille Illuftre, où l'Efprit & la uertu font
hereditaires, n'eft compofée que de perfonnes, d'un merite
fignalé. On n'y voit point de tefte, qui ne refponde à la dignité du tout, & qui ne donne de l'efclat, à celles dont elle
en reçoit.

Meffire Jacques le Vayer, fils unique de François le Vayer,
& de Dame Renée le Boindre, qui eft Chef du Nom &
des Armes de la Maifon, commance à paroiftre fur le Bar-
reau, pour monter au Tribunal avec plus de gloire; & comme nepveu de Monfieur le Vayer de Boutigny, fuccede à
l'eftime publicque, que ce grand & parfait Orateur s'y eft ac
quife, partant d'actions efclatantes.

Meffire Charles le Vayer, Chevalier Seigneur de Vantevil
& de la Fontaine, Confeiller du Roy en fes Confeils d'Eftat
& Privé, Prefident à Mortier au Parlement de Mets, porte
de gueules à la Croix d'argent, chargée de cinq Tourteaux
de gueules, brifé d'un Lambel de trois pieces, auffi d'argent.
fon équité le fait reverer aujourd'huy dans le Parlement de
Mets, comme fon Eloquenfe, le fit admirer autres fois dans
celuy de Paris.

Meffire Denys Tallon, Confeiller du Roy en fes Confeils
d'Eftat & Privé, & fon Advocat General au Parlement, d'a-
zur au Chveron d'or, accompagné de trois Efpies de Bled
d'or iffantes chacune d'un Croiffant d'argent.

Monſieur Maiſtre Jean le Boindre , Conſeiller du Roy en ſa Cour de Parlement, d'argent au Sanglier paſſant de ſable, accompagné de trois Eſtoilles d'azur, au Chef de gueules, à la Croix d'argent.

Monſieur Maiſtre Charles Tronçon, Conſeiller du Roy en ſa Cour de Parlement, couppé d'argent ſur azur, l'argent maſſonné de ſable à trois Tiges de Couldrier d'or, aux fruits de meſme, miſes en Chef.

Meſſire Jacques du Candal, Seigneur de Fontenailles, Conſeiller du Roy en ſes Conſeils, d'azur à trois Colombes d'argent, membrées & becquées d'or, pour tenants deux Aigles d'or, & pour Cimier, un Aigle de meſme, party des Armes de ſa femme Dame Suzanne de Beringhan , qui ſont celles de Monſieur le Premier , d'argent à trois pals de gueules , au Chef d'azur , chargé de deux Roſes d'argent , ſur-monté d'un Vol d'argent.

Meſſire Jacques le Bigot , Conſeiller du Roy & Controlleur General de l'extraordinaire des Guerres , d'or à trois teſtes de Leopards de ſable, pour ſuports deux Leopards, pour Cimier un demy Leopard.

Meſſire Jacques de Geniers, Chevalier Baron de Maſſac, Seigneur du Coudray, Côſeiller du Roy en la Grand Chambre au Parlement, d'azur au Lyon d'or, armé & lampaſſé de gueules, à la Commette auſſi d'or, mouvante de l'angle dextre & ſuperieur de l'Eſcu, Party des Armes de ſa femme, Dame Catherine de Bordeaux, qui porte d'azur, à trois Merlettes d'or. Il joüyroit dans tout l'avenir, de l'eſtime & de la veneration publicque, s'il ſe trouvoit un Pinceau aſſez ſçavant pour repreſenter parfaittement ce port , ce viſage Auguſte & Majeſtueux, cét eſprit egallement du Palais, & du monde, ſi brillant de lumiere, ſi fecód & ſi juſte dans l'entretien, si solide dans les affaires importantes, Cette humanité si grande, cette exacte & severe equitté qu'il professe, & tant d'autres qualitez eminentesqu'on admire en luy.

1 Messire Philippes de Colanges, Conseiller du Roy en ses Conseils d'Estat & Secretaire de sa Majesté, portoit d'azur, au Chef d'or, chargé d'un Aigle esployé de sable, à la bande d'argent, chargée d'un Lion armé, & Lampassé de gueules.

Il estoit Fils unique de Claude de Colanges, Seigneur de Buffences en Auvergne, d'où cette maison est originaire, & de Magdeleine d'Aguesseau, dont la famille subsiste aujourd'huy en la personne de Messire Henry d'Aguesseau, Maistre des Requestes, & President au Grand Conseil, Intendant de Iustice en Guyenne, Fils de feu Messire Antoine d'Aguesseau, aussi Maistre des Requestes, & depuis premier President du Parlement de Bourdeaux.

Il eust pour femme Dame Marie de Befze jssüe d'une Ancienne & Noble Famille de Bourgongne, qui a donné des Conseillers au Parlement de Paris en 1404. & 1515. laquelle le rendit pere de plusieurs enfans, dont trois seulement ont laissé posterité.

2. Messire Philippes de Colanges, cy apres.

2 Dame Marie de Colanges, Espousa Messire Celze Benigne de Rabustin, Chevalier, Baron de Chantal, Seigneur de Bourbilly, &c. Chef du nom & des Armes de la tres-noble & Ancienne Maison de Rabustin, en Bourgongne, Tué à la descente des Anglois, en l'Isle de Ré, en l'année 1627. dont elle eust vne Fille unique, Marie de Rabustin, Dame de Bourbilly, & Baronne de Chantal, Espouze de Messire Henry, Marquis de Sevigné, Seigneur des Rochers, du Buron, & autres lieux, Gouverneur pour

fa Majefté des Ville & Chafteau de Fougeres en Bretagne: duquel Mariage font jffus, Charles, aujourdhuy Marquis de Seuigné, Guidon de la Compagnie de Gend'armes de Monfeigneur le Dauphin, & Françoife Margueritte de Sevigné, Mariée avec Meffire François Adhemart-de-Monteil, Chevalier Comte de Grignan, Commandant, & Lieutenant General pour fa Majefté en Provence.

2 Dame Henriette de Colanges, Efpoufa Meffire François le Hardy, Chevalier Marquis de la Trouffe, Tué au Siege de faint Omer en l'année 1638. Fils aifné de Meffire Sebaftien le Hardy, Marquis de la Trouffe, Grand Prevoft de France, dont elle a eu Philippes Augufte, auiourd'huy Marquis de la Trouffe, Capitaine Lieutenant de la Compagnie de Gend'armes de Monfeigneur le Dauphin, qui a des enfans de Dame Margueritte de la Fond, Fille du Seigneur de la Ferté, & de la Beuvriere en Berry.

2. Meffire Philippes de Colanges, Confeiller du Roy en fes Confeils, & Maiftre ordinaire en fa Chambre des Comptes de Paris, Efpoufa Dame Marie le Fevre d'Ormeffon, Fille de Meffire André le Fevre, Chevalier, Seigneur d'Ormeffon, d'Amboille, d'Eftrelles, &c. Pour lors Maiftre des Requeftes, puis Doyen des Confeillers Ordinaires du Roy, en fes Confeils d'Eftat, & Confeiller d'Honneur en fon Parlement de Paris ; qui eftoit Fils de Meffire Olivier le Fevre, Chevalier, Seigneur d'Ormeffon, d'Eaubonne, & de Lezeau, Confeiller du Roy en fes Confeils, & Prefident en fa Chambre des Comptes, & de Dame Anne d'Alleffo, petite Niepce de Sainct François de Paule, & de Meffire Iean de Morvilliers Evefque d'Orleans, & Garde des Sceaux de France. De ce Mariage font fortis trois enfans.

3. Messire Philippes Emanuel de Colanges, cy apres.

3. Dame Anne Marie de Colanges, a Espousé Messire Louis Turpin de Crissé, Chevalier Comte de Sanzay, & de Cherzé, Seigneur du Chastellier-portaut, Autry la Ville, &c. issu de la tres Illustre & Ancienne maison de Turpin-Crissé en Anjou, dont elle a des enfans.

3. Dame Marie Magdeleine de Colanges, a Espousé Messire Guillaume de Harouys, Chevalier, Seigneur de la Seilleraye, Léspinay, &c. Conseiller du Roy en ses Conseils, Fils de Messire Louis de Harouys, Premier Président en la Chambre des Comptes de Bretagne, puis Conseiller d'Estat Ordinaire, & Intendant de Justice en Champagne. De ce Mariage est sorty un Fils unique, André de Harouys, Seigneur de la Seilleraye.

3. Messire Philippes Emanuel de Colanges, Conseiller du Roy en ses Conseils, & en sa Cour de Parlement de Paris, a Espousé Dame Marie Angelique Dugué, Fille de Messire François Dugué, Chevalier, pour lors Maistre des Requestes, Aujourd'huy Conseiller d'Estat Ordinaire, & Intendant de la Justice, Police & Finances dans les Prouinces de Lyonnois & Dauphiné, & de Dame Marie Angelique Turpin, Sœur de Dame Elizabeth Turpin, Epouze de Messire Michel le Tellier, Chevalier Marquis de Louvois, Seigneur de Chaville, Conseiller du Roy en tous ses Conseils, Grand Tresorier de ses Ordres, Ministre & Secretaire d'Estat, Fille de Messire Jean Turpin, Chevalier Seigneur de Vauvredon, Liffermau, &c. Conseiller Ordinaire du Roy en ses Conseils d'Estat & Privé.

Messire François Dugué, Maistre des Requestes, Aujourd'huy Conseiller d'Estat Ordinaire, Intendant de Iu-

ſtice en Lionnois & Dauphiné, Fils de Meſſire François
Dugué, Conſeiller du Roy en ſes Conſeils, & Maiſtre
Ordinaire en ſa Chambre des Comptes, porte d'azur, au
chevron d'or, accompagné de deux Eſtoilles d'or, en
Chef, & d'une autre en pointe de meſme, Couronnée
d'or.

Meſſire Olivier le Fevre, Chevalier, Seigneur d'Or-
meſſon, & d'Amboille, Maiſtre des Requeſtes, Fils de
feu Meſſire Andié le Fevre, Chevalier, Seigneur d'Or-
meſſon, Doyen des Conſeillers Ordinaires du Roy en ſes
Conſeils d'Eſtat, & de feuë Dame Anne le Prevoſt, Dame
d'Amboille, porte d'azur à trios lys de jardin au naturel, à la
bordure d'or. Jl a Eſpouſé Dame Marie de Fourcy, Fille de
feu Meſſire Henry de Fourcy, Conſeiller du Roy en ſes Conſeils & Preſidant en ſa Chambre des Comptes, dont il a
des enfans.

Meſſire Charles, Marquis de Sevigné, Guidon des
Gend'armes de Monſeigneur le Dauphin, porte eſcartellé
de ſable, & d'argent.

Meſſire Celze Benigne de Rabuſtin, Baron de Chantal,
portoit eſcartellé au premier, & quatriéme, cinq points
d'or, équipolés a quatre de gueules, qui eſt de Rabuſtin, au
ſecond & troiſiéme d'azur, à la croix engrelée d'or, qui eſt
de Balorre.

Meſſire Louis Turpin de Criſſé, Chevalier, Comte de
Sanzay, & de Cherzé, porte eſcartelé de huit pieces.
Au premier eſchiqueté d'or, & d'azur, à la bordure de gueu-
les, qui eſt de Dreux.

Au 2. d'or ſemé de fleurs de lys d'azur, ſans nombre,
au franc canton de gueules, qui eſt de Toüars.

Au 3. de Montmorancy.

Au 4. d'or, au Chef d'azur, chargé d'un bras d'argent, empefché d'un dextrochere d'Hermines, tombant fur le tout, qui eft de Villiers Lifle-Adam.

Au 5. d'Argent, à neuf fuzées de gueules, peries en bande, accompagnées de fix fleurs de lys d'azur, 3. en chef, & 3. en pointe, qui eft du Bellay.

Au 6. efcartellé d'argent & d'azur, qui eft de Crevan.

Au 7. d'argent, à trois Lyonceaux de fable, qui eft d'Alluyn.

Au 8. d'azur, au chevron d'or, accompagné de trois Hures de Sanglier d'argent, deux en chef, vne en pointe, qui eft de Chenu : & fur le tout lofangé d'argent & de gueules, qui eft de Turpin-Criffé.

Meffire Guillaume de Harouys, Chevalier, Seigneur de la Seilleraye, Confeiller du Roy en fes Confeils, d'or, à trois bandes de gueules, chargées de neuf teftes de Licornes d'argent, 3. a chacune.

Meffire Philippes Augufte le Hardy, Chevalier, Marquis de la Trouffe, Capitaine-Lieutenant de la Compagnie de Gend'armes de Monfeigneur le Dauphin, porte efcartellé de 8. pieces.

Au premier d'azur, à 6. befans d'or, 3.2.1. au Chef d'argent, chargé d'un Lyon de fable naiffant, qui eft Olivier Leuville, efcartellé de Nouiant, qui eft d'or, à trois bandes de gueules, celle du milieu chargée de trois Eftoilles d'argent.

Au troifiéme de gueules, au Lyon d'Hermines, ou d'argent, moucheté d'Hermines, couronné, & lampaffé d'or, qui eft Chabannes.

Au quatriefme, facé de dix pieces d'argent & d'azur, chargées de trois chevrons de gueules, qui eft la Roche-Foucaut.

Au cinquiefme, pallé d'or & de gueules de fix pieces, qui eft d'Amboife.

Au fixiefme d'or, au Dauphin d'azur, qui eft d'Auvergne.

Au feptiefme, d'azur, a 7. befans d'or, trois, trois, un; au chef d'or, qui eft de Melun.

Au huitiefme, d'argent au Lyon de gueules, couronné & lampaffé d'or, la queue nouée en faultoir, qui eft de Luxembourg.

Sur le tout d'azur, au chevron de fable, potencé & contrepotencé d'or, au chef d'argent, chargé d'un lyon paffant de gueules.

Meffire Henry d'Agueffeau Maiftre des Requeftes, Prefident au Grand Confeil, & Intendant de Iuftice en Guyenne, porte d'azur à deux faces d'or, accompagnées de fix coquilles d'argent, trois en chef, deux au milieu, & une en pointe.

Meffire François Adhemart-de-Monteil, Chevalier Comte de Grignan, Lieutenant General pour fa Majefté en Provence, porte efcartellé.

Au premier de gueules, au Chafteau fommé de trois Tours d'or, qui eft de Caftelannes.

Au fecond d'argent, à une croix de gueules, cantonnée de quatre rozes de mefme, qui eft de Termoli.

Au troifiéme, de Monfort, qui eft un Lion, avec vn franc quanton d'Hermine.

Au quatriefme, d'Ornano,

Et fur le tout, d'or a trois bandes d'azur, qui eft de Grignan.

Meffire Henry de Fourcy, Chevalier Seigneur de Cheffy, de Trianon & d'Efpinay Confeiller du Roy en fes Confeils d'Eftat & Privé, Sur Intendant de fes Baftiments, Prefident en fa Chambre des Comptes, d'azur à un Aigle d'or au Chef d'argent, chargé de trois Tourteaux de gueules, party de la Grange Triannon, à caufe de Dame Marie de la Grange fa femme, Tante de Monfieur le Prefident de la Grange.

Meffire Henry de Fourcy, Chevalier Seigneur de Cheffy, Confeiller du Roy en fes Confeils d'Eftat & Privé, Prefident en fa Cour de Parlement, d'azur, à un Aigle d'or, au Chef d'argent, chargé de trois Tourteaux de gueules : party d'azur, au Cocq d'or, à caufe de Dame Magdelaine Boucherat fa femme, fille de Meffire Louys Boucherat, Chevalier Seigneur de Compan, Confeiller Ordinaire du Roy en tous fes Confeils d'Eftat & Privé, & direction de fes Finances, & Confeiller d'honneur en fa Cour de Parlement. Il eft impoffible de s'imaginer une plus belle ame, dans un plus beau corps : Une Majefté qui imprime plus de refpect, une Humanité qui donne plus d'affurance, à ceux qui l'approchent : Un efprit plus penetrant & plus vafte, une volonté plus droite, & plus ferme, à proteger la vertu & punir le vice. Il ne permet jamais qu'aucune paffion, emporte la raifon à la Balance, qu'il tient en main : Il eft immuable dans fes fentiments, parce qu'un veritable Juge, eft un veritable Dieu, qui rejette les vœux indifcrets, qui refufe l'Encens des impies, qui n'écoute favorablement que l'innoncence & la verité. De forte qu'il eft fi jufte, qu'on ne peut pas doubter qu'il ne foit la juftice mefme. Mais cét Illuftre nom, feroit icy hors de fon lieu ; & c'eft dans *l'Hiftoire des grands hommes, qui depuis trois cent ans ont fait les honneurs du Parlement,* que je deftine au public, qu'il fera placé conformément à fa dignité.

FIN.

PREMIERE TABLE DES MATIERES
Contenuës en ce Livre.

Table des Matieres.

Fin de la premiere Table.

SECONDE

SECONDE TABLE, DES ROYAUMES,
des Principautez, des Villes, & des Familles, qui font dans ce Livre.

T

Seconde Table, des Royaumes, &c.

Fin de la feconde Table.